在道德与现实之间

埃德蒙·伯克思想研究

丁毅超 —— 著

上海人民出版社

目　录

导　言

　　埃德蒙·伯克（Edmund Burke）一直是富有争议性的人物。他曾经是美洲革命的强烈支持者，也是少数在英国本土支持美洲独立的人士。他写道："任何事情都比一场没有结果的、无望的、不自然的内战要好。据说，这种屈服的方式会让位于独立，而不会发生战争。"[①]当所有人都将他视为革命的支持者时，他却站在反对1789年法国大革命的第一线。直到今天，他的《法国革命论》依旧广为流传。

　　伯克身份的复杂性远不止于此。他承认英国对于印度的征服，又控诉黑斯廷斯（Warren Hastings）在印度的残暴统治。他是奴隶制度在18世纪的反对者，也是印度种姓制度的支持者，甚至他可能是18世纪少数批评向中国出口鸦片的政治家。伯克指出："鸦片的销售被贸易委员会裁定的明确目的是在孟加拉而不是在中国销售，并将这种销售的产品用于生产原始商品的国家的制造

---

　　① Edmund Burke，"Letter to the Sheriffs of Bristol"，in *The Writings and Speeches of Edmund Burke*：*Vol. 3*，General Edited by Paul Langford，Oxford：Clarendon Press，1996，p. 323.

业。"①可是黑斯廷斯违背议会的指令，将鸦片非法销售给禁止鸦片进口的中国。

伯克多变的态度成为各方争论的焦点。在他反对者的眼里，多变是投机取巧和缺乏原则的同义词。马克思就曾经评价道："他忠于上帝和自然的规律，因此无怪乎他总是在最有利的市场上出卖他自己。"②在他的支持者眼里，这种变化是政治灵活性的真正体现，是对于具体事态的尊重。柯克（Russell Kirk）将其视为保守主义长存的原因之一："保守的信念在两个世纪里一直保持着政治和思想的连续性，而那些憎恨传统的激进政党已经相继解体。"③在对于伯克的两极化评价中，所有人都承认伯克是一个难以标签化的人物。他尤其不适合用一种固定的政治光谱进行衡量。

伯克的多变性没有损害他的声誉。他是少数能够在死后不断提升自己声誉的人。19世纪是伯克备受吹捧的时代。"他在大西洋两岸都很受敬仰，在整个19世纪，特别在维多利亚晚期几乎达到了顶峰。"④他的道德勇气成为人们津津乐道的典范。"尽管同时代的人都认为伯克是哲学家、政客和政治家，但维多利亚时代的人却认为伯克是一位伟大的英雄，他团结了自己的同胞，投身反（对法国

---

① Edmund Burke, "Ninth Report of Select Committee", in *The Writings and Speeches of Edmund Burke*：*Vol. 6*, General Edited by Paul Langford, Oxford：Clarendon Press, 1991, p. 284.

② 《马克思恩格斯全集》第23卷，人民出版社1972年版，第829页。

③ Russell Kirk, *The Conservative Mind from Burke to Eliot*, Washington, D. C.：Regnery Publishing, Inc., 2001, p. 458.

④ Jesse Norman, *Edmund Burke*：*The First Conservative*, New York：Basic Books, 2013, p. 103.

大）革命事业，拯救了英国和帝国的宪法，塑造了维多利亚时代的政府体系。"①

物极必反，盛极必衰。在20世纪早期，对伯克的评价迅速降低。他被认为是一个局限于自己时代的政治投机分子；或者更善意地说，他是一个对充满希望的未来裹足不前的犹豫者。约翰·莫雷（John Morely）这样从维多利亚时代一直活到20世纪早期的政治家更能够反映这种变化。他写道："伯克便是如此，他没有预见到他的时代里道德和政治主体的最终走向。他也没有意识到，以当时活跃的社会条件，他关于最佳征服的构想，一个符合民意的血统贵族政体，从长远看，终将被完全抛弃和消解。"②

对伯克兴趣的重新挖掘来自"二战"后政治格局的影响。美国的保守主义者发挥了重要作用。"在二十世纪，伯克在很多场合都被投入使用。在20世纪50年代和60年代，他的反极权主义言论被美国保守派所采纳。"③事实上，今日大部分人对于伯克的印象都是由他们塑造的。他们从伯克的思想中看到对抗意识形态主张的可能性。伯克在印度和法国问题上的道德热忱则激发了美国保守主义者对于现实政治的道德想象。

伯克的历史价值只是研究伯克的一个原因。对于今日的保守派

---

① Frank O'Gorman, *Edmund Burke：His Political Philosophy*. London & New York：Routledge，2014，p. 1.

② ［英］约翰·莫雷：《埃德蒙·伯克评传》，刘戎译，上海社会科学院出版社2018年版，第45页。

③ Jesse Norman, *Edmund Burke：The First Conservative*，New York：Basic Books，2013，p. 107.

而言，伯克依旧存在重要的现实价值。他几乎奠定了一切今日保守派的思想基础。传统保守主义者和新保守主义者是两个差别巨大的分支，在许多具体问题上的态度也南辕北辙。但这不妨碍他们都宣称自己是伯克思想的正式继承人。斯克鲁顿（Roger Scruton）这样的传统保守主义者就宣称："保守主义顾名思义就是：试图保守我们所拥有的社区——正如埃德蒙·伯克所说的，我们必须为了保守而改革，不是在每个细节上，而是在所有确保我们社区长期生存的事情上。"①

与伯克的重要性相比，学术界对伯克存在一定程度的轻视。这可能与保守主义本身缺乏对理论的重视密切相关。受到伯克的影响，绝大多数保守主义者更看重实践的结果。用伯克自己的话说，"我认为，在理论上错误而在实践中正确，这是毫不奇怪的；我们也乐于看到这样的情况"②。伯克的态度从根本上挑战了以哲学为核心的政治哲学。如果政治哲学最终是由实践的结果进行评判，那么政治哲学家的首要任务不是构建理论，而是参与政治的实际运作。

伯克态度的背后隐藏着一种更深刻的怀疑，即政治可能无法成为一种科学。伯克认为，将政治视为一种科学意味接受抽象理性的宰制。抽象理性必然会寻找普遍有效的答案。用霍布斯（Thomas Hobbes）的话说，"从我们天性中两个原则性的部分，理性与激情

---

① Roger Scrton, *Conservatism*，New York：All Points Books，2017，p. 12.
② ［英］埃德蒙·伯克：《关于我们崇高与美观念之根源的哲学探讨》，郭飞译，大象出版社 2010 年版，第 47 页。

中，产生了两种不同的学问，数学的和教义的。前者远离矛盾与争论，……而后者之中没有任何东西不会引起争议”①。但复杂多变的人类社会决定了在现实政治领域建立标准答案是一件几乎不可行的事情。政治只能与具体的事态相关。抽象个体对于自我推理的自信可能导致局势的进一步恶化，这直接唤起了一种与宗教狂热类似的理性狂热。在这种理性狂热背后，至高无上的个体意志成了真正的主宰者，它将政治拖入纯粹意志的决断之中。

当代政治在很大程度上反映出可能产生的负面作用。由于个体意志至高无上的地位，每一个意志都将追求自己的支配地位，这很难产生自我谦卑和自我牺牲的可能性。问题是，维系社会稳定的共同情感恰恰依赖于这种可能性。在今日的政治中，共识日益破损。"在政治理论的迷宫中，那些没有形成自己道路的人，在思想上破坏了所有的顺从，这是有害的后果，他们拒绝了这条道路，蔑视了向导。"②越来越多的激进派从政治光谱的各个方面粉墨登场。这种共识的破碎更是蔓延到几乎所有的国家，身份政治的大行其道就是最直接的表现。性别、阶级、民族将所有人划分为一个又一个固定身份的小团体，试图维持共识的人则会受到小团体愈发强烈的攻击，正在逐渐从西方社会泛滥到中国的"性别战争"就是一个典型的例子。

---

① Thomas Hobbes, *The Elements of Law*, *Natural and Politic*, Edited by Ferdinand Tonnies, Cambridge: Cambridge University Press, 1928, p. xvii.

② Edmund Burke, "Appeal from the New to the Old Whigs", in *The Writings and Speeches of Edmund Burke*: *Vol. 4*, General Edited by Paul Langford, Oxford: Clarendon Press, 2015, p. 467.

　　伯克可能不自觉地感受到个体意志泛滥的潜在危机。抽象理性不可能产生出真正的实践性。奥克肖特写道:"现在,如我所理解的,理性主义主张,我称为实践知识的东西根本就不是知识,严格说来,它主张没有知识不是技术知识。"①抽象理性对个体意志的放纵只能产生无尽的虚无。这促使伯克进一步远离哲学家的政治哲学,他选择了一条被他称为"行动的哲学家"的道路,这种"行动的哲学家"就是参与实践的政治家。伯克的选择在一定程度上具有强烈的亚里士多德倾向。他认为政治不仅是为了生存,它的目标应当指向德行的完善。伯克特别看中政治审慎的必要性,将其视为实现现实和道德共融的关键方法。

　　伯克的政治理论是否正确,以及我们是否接受伯克的态度,是需要自行判断的问题。但如果我们今日还想要了解保守主义,将保守主义作为严肃的政治派别来对待,那么伯克就值得我们进一步研究。本书试图指出,在伯克多变的态度背后可能存在一致性的解释,这种一致性在早期伯克的思考中就已经奠定雏形。议会中的伯克将这种雏形进一步发展和完善。伯克的目标始终是在思考如何将道德和现实有效地融合在一起,从而实现对既定秩序的不断改善。

　　考虑到伯克作品的性质,本书在以专题作为章节基础的情况下,尽可能兼顾时间线上的连续性。不过,由于伯克对许多问题的关注贯穿他生涯的各个部分,在时间线上将不可避免出现反复的

---

　　① 〔英〕迈克尔·奥克肖特:《政治中的理性主义》,张汝伦译,上海译文出版社 2004 年版,第 11 页。

跳跃。

第一章主要聚焦在早期伯克的困惑。这一时期的伯克没有直接涉足政治，而是将自己的焦点聚焦在审美问题上。但在他审美问题的背后，爱尔兰民众的生存现状才是伯克真正关心的问题。伯克在利用审美改造习俗提升道德品位的同时，也重视习俗对社会的积极价值。

第二章则集中在伯克兴趣的历史学转向上。伯克对于习俗和道德的依赖使得他必须进入历史中去发现习俗和道德的合理性。在这一时期，伯克奠定了他对于英国历史事件的基本看法。他将历史分为征服和统治两个循环往复的阶段。比起征服，伯克更重视统治改善的重要性，这种改善是现实和道德共融的重要基础。

第三章的重点是进入议会后的伯克对于英国政治制度的思考。伯克对历史学的偏爱最终使得伯克必须确定谁是历史的解释者，他最终在罗金汉姆辉格党上找到了可能性。通过将志同道合的人联合在一起，党成了英国政治制度最有效的捍卫者。通过进一步的浪漫化，产生了伯克所描述的自然贵族，这种贵族可以被视为历史或者上帝的代表。

从第四章开始将分别讨论伯克政治生涯中最值得关注的四个问题，即美洲问题、印度问题、法国问题和爱尔兰问题。伯克对这些具体问题的思考，没有超出他在前三章确立的基本框架。他一直从不列颠殖民帝国的角度思考这些问题，试图解释习俗和道德究竟应该如何适应新的全球帝国模式。对每一个具体问题的思考，进一步丰富了伯克政治思想的具体内涵。

在第四章的美洲问题中，伯克强化了共同情感的作用，维护政治制度是为了保证现实和道德的共融。单纯的制度容易陷入形式主义的问题，共同情感才是支撑制度有效运作的直接原因。共同情感本身依赖于长期共同生活所依赖的习俗，而习俗受到了具体地理和历史的影响，这反过来意味习俗存在特殊性。

习俗的特殊性是第五章伯克和黑斯廷斯争论的焦点。伯克试图通过习俗的特殊性论证黑斯廷斯的统治违背了印度的习俗，黑斯廷斯则反过来利用这一点强调自己的统治和改革符合印度的惯例。在两者漫长的争论中，伯克不得不求助于普遍的德行，这种普遍的德行可能隐藏在他与自然法之间暧昧不明的关系中。伯克的折中主义立场也显示现实和道德和谐一致在现实政治中的巨大困难。

第六章的法国问题是伯克思想一直被关注的焦点。伯克在印度问题和法国问题上看到相似的问题，认为两者的暴政是对于现实和道德的严重威胁。法国革命对于抽象理性的盲目狂热放大了暴政的严重性。这场革命代表一种全新的原则，这种原则和传统存在无法调和的矛盾。伯克消极地认为这种冲突将会对现实和道德的融合而产生前所未有的威胁，必须尽一切力量对抗可怕的前景。

针对第七章谈到的爱尔兰问题的思考则贯穿了伯克的一生。这一问题的重点在于爱尔兰独特的天主教特征。英国本土的强制改宗策略是对于爱尔兰习俗的严重损害，难以避免地破坏了爱尔兰原有的家庭秩序和道德规范。伯克试图寻求一种新的宽容范式，这种宽容重视本地区宗教对于习俗和道德的价值。对各地区宗教传统的保护，为现实和道德的共融提供了稳定的条件。

　　第八章的结论在于强调伯克对道德和现实关系的重视是他一生的重点。作为爱尔兰人和大英帝国的一分子，伯克的目标就是在承认既定帝国秩序的情况下，不断改善帝国的统治。但在一个更大的语境下，伯克的方式被视为对抗抽象理性个体意志泛滥的方式，他的思想也为保守主义的未来发展提供了永恒的动力。

第一章　早期伯克的困惑

与绝大多数伯克同时代的不列颠思想家不同，他既不来自英格兰，也不来自苏格兰。从某种意义上，出生于都柏林的伯克，今日也可以被认为是一个爱尔兰人。不同学者对于伯克的早期经历在多大程度上影响了他的早期思想存在不同理解。"但是，没有人会否认早期的作品在某种程度上是对伯克政治哲学的重要预测。"[①]当然，更大的问题是，什么是伯克的政治哲学。

考虑到伯克在不同学者中如此丰富的面向，回归伯克自身，对他的早期作品进行再研究是一件有意义的事情。除了被大家所熟知的《关于我们崇高与美观念之根源的哲学探讨》（*A Philosophical Enquiry into the Origin of our Ideas of the Sublime and Beautiful*，1757）外，《为自然社会辩护》（*A Vindication of Natural Society*，1756）与伯克死前从未出版的《一篇关于英国历史节选的文章》（*An Essay towards an Abridgment of the English History*，1757）

---

① Frank O'Gorman，*Edmund Burke：His Political Philosophy*. London & New York：Routledge，2014，p. 16.

也是他早期撰写的长篇作品。

　　本章的重点将放在前两部作品以及伯克在学生时代参与创作的《改革者》(*The Reformer*，1748) 上。考虑到爱尔兰和天主教要素对伯克的影响，本章也会包括一些简要的生平背景。在复杂环境下成长起来的伯克，很早就展现出对于现实和道德问题的敏感性。为了改善情况，他似乎意识到向大众进行普及的重要性。或者用他自己的话来说："在无知横行的地方，几乎不可能有任何真正的德行。"①

第一节　爱尔兰的改革者

　　以宗教宽容著名的洛克 (John Locke)，依旧有自己不宽容的对象，天主教徒就是其中之一。洛克认为，天主教徒一定会面临在君主和教宗两个主权者之间二选一的问题。这将违背国家作为一种契约的基本要求，从而导致国家的瓦解。用他自己的话来说，"教宗至上论者不能享受宗教宽容的收益，因为在他们拥有权力的地方他们认为自己一定会去反对其他人"②。

　　公正地说，英国本土对于爱尔兰的征服与压迫并存。光荣革命

---

①　Edmund Burke，"The Reformer"，in *The Writings and Speeches of Edmund Burke：Vol. 1*，General Edited by Paul Langford，Oxford：Clarendon Press，1997，p. 68.

②　John Locke，*A letter Concerning Toleration and Other Writings*，Edited by Mark Goldie. Indianapolis：Liberty Fund，2010，p. 123.

后的英国进一步将这种压迫系统化。1695 年的教育法案禁止天主教徒将子女送出国进行教育；1704 年的教宗法案则确立了新教徒对天主教徒的长子优先继承地位，并要求所有受领文职和军职的人宣誓放弃天主教信仰；1728 年的剥夺公民权法案更是直接剥夺了天主教徒在议会投票的权利。从这一点看，辉格党政府的确很好完成了洛克对于宗教宽容的限制，它在爱尔兰塑造了一个实际上的圣公会或者说英国国教徒特权阶层。

1729 年，一个名叫埃德蒙·伯克的孩子出生在一个都柏林的律师家庭中。这个家庭的宗教关系有些复杂。为了继续执业成为律师，伯克的父亲决定皈依圣公会，他的母亲则依旧保留传统的天主教信仰，这使得伯克必须以一种矛盾的情感看待自己的周边环境。一方面，作为国教徒出生的伯克天生就是特权受益者，在现实中他享受到了特权秩序带来的好处；另一方面，他亲眼观察到英国对于爱尔兰天主教徒的普遍压迫，认为这在道德上存在缺陷。直到晚年，伯克都没有放弃批判他所谓的新教徒优越地位（protestant ascendancy）。在给儿子理查德·伯克（Richard Burke）的信中他写道，"这不外乎是爱尔兰的一部分人决心把自己当作联邦中唯一的公民；并通过把其他人降为绝对的奴隶，在军事力量下保持对其他人的统治"①。

在六岁的时候，伯克被送到信奉天主教的舅舅家抚养。科克郡乡村的童年生活是早期伯克诗歌中反复出现的主题。在 1748 年给

---

① Edmund Burke, "Letter to Richard Burke", in *The Writings and Speeches of Edmund Burke*：*Vol. 9*，General Edited by Paul Langford，Oxford：Clarendon Press，1991，p. 644.

友人的诗中他写道，"宁静的乡村是多么幸福，草地是他的床，天空是他的华盖"①。1751年从爱尔兰来到伦敦的他面对烦躁的城市生活写道，"野蛮的守夜人在门口吼叫。在这样的折磨下，他渴望乡村的幽静"②。

伯克略带感伤的浪漫主义气息在很大程度上与当时的爱尔兰文学潮流是合拍的。由于受到普遍的压迫，爱尔兰文学缺乏启蒙主义的乐观态度。它更多呈现出一种软弱和受伤的形象。"在适当的时候，这种不恰当的人类弱点的表现成为浪漫主义的主题，最好的情况是被归为怀旧和遗憾的叙述，或者在最坏的情况下，被归为沉闷的忧郁症，凯尔特人被认为对这种情况过于敏感。"③

这种对于乡村生活的浪漫怀念没有进一步转化为对文明社会的绝望。伯克没有许多城市中产阶级对于乡村的景观想象，他清醒地意识到，乡村和城市生活都不是完美的存在，两种生活都需要安排在一定的秩序范围之内。部分学者会将伯克对于秩序信仰解释为神圣天意的结果。"社会是人类创造的。但它是在历史上，在天意的指引下，由人类的实践理性所创造的。"④考虑到伯克很少在其作品

---

① Edmund Burke，"O FORTUNATOS NIMIUM"，in *The Writings and Speeches of Edmund Burke*：*Vol. 1*，General Edited by Paul Langford，Oxford：Clarendon Press，1997，p. 40.

② Edmund Burke，"An Epistle to Doctor Nugent by E B"，in *The Writings and Speeches of Edmund Burke*：*Vol. 1*，General Edited by Paul Langford，Oxford：Clarendon Press，1997，p. 50.

③ Luke Gibbons，*Edmund Burke and Ireland*，Cambridge：Cambridge University Press，2003，p. 39.

④ Francis Canavan，*The Political Reason of Edmund Burke*，Durham：Duke University Press，1960，p. 191.

中谈及自然法的问题，这一点并非没有争议。但伯克的气质既没有转化为一种愤世嫉俗的离群索居，也没有转化为毫无收敛的无政府主义。他热爱乡村，也不否认城市作为文明社会的产物。"在18世纪的思想家中，他是很少见的，他既理解了两者的优点，又不将两者理想化。"①

顺带一提的是，保守主义对当代动物保护主义的批判就隐含对这种景观想象的讽刺。居住在城市空间的人士往往容易将自己对于宠物的喜爱投射到野生动物之上，赋予自然过于温柔的面纱。无论是将动物拟人化还是赋予动物权利，本质上都是一种人类自我的共情。斯克鲁顿不无辛辣地表示："多愁善感所涉及的自欺欺人的剂量太大，以至于不允许批判性的智慧进入其辖区。"②

十一岁时，伯克进入由贵格会校长沙克尔顿开办的学校，并和校长的儿子理查德成了终身挚友。作为一个非常有趣的巧合，维多利亚时代最伟大的保守主义政治家迪斯累利（Benjamin Disraeli）也是在贵格会的教育下长大的。十四岁时，伯克返回都柏林，进入三一学院就读。除了表现出对于历史和诗歌的偏好外，他还参与组建校园辩论俱乐部。俱乐部每周集会两到三次，定期对政治和贸易等共同感兴趣的问题进行辩论。

除了辩论俱乐部外，伯克在都柏林学生时期的另一项重要活动

---

① David Bromwich, *The Intellectual Life of Edmund Burke*, London & Cambridge: The Belknap Press of Harvard University Press, 2014, p. 29.

② Roger Scruton, *Animal Rights and Wrong*, London: Demos, 2000, p. 129.

就是参与并出版了报纸《改革者》。这份报纸以同时期都柏林皇家剧院上演的话剧作为评判对象，目的是改变都柏林日益乏味的戏剧现状，建立一种合适的审美品位。在这份报纸中，伯克和他的伙伴们涉及一个美学中的经典问题，即审美与道德之间的关系。

在第一期《改革者》中，伯克就鲜明地表示，审美必须与道德联系在一起。他写道："品位的堕落和道德的堕落是一样严重的，尽管纠正后者似乎是一种更值得称赞的设计，也更符合公众精神；然而，它们之间存在着如此强烈的联系，一个国家的道德对他们的品位和著作有如此大的依赖性，以至于加固后者，似乎是建立前者首要的和最可靠的方法。"[1]戏剧是当时都柏林上流社会的重要娱乐节目。针对当时戏剧表演中很多不道德的情节，《改革者》认为有必要通过文学批判的方式，促进爱尔兰审美品位和道德水平的提高。

是否认可《改革者》的立场是一个缺乏公论的问题。这种主张背后的逻辑更值得关注。它实际上暗含了三个重要的前提。

首先是存在客观或者说通用的审美评价标准。伯克写道："我们并不是要假装垄断品位，而是要让它变得普遍。"[2]后来伯克在《美与崇高》里很好地继承了这一原则。他开篇就强调，"表面看来，我们可能彼此之间在理智和感觉方面差异很大：但尽管有这种

---

[1] Edmund Burke，"The Reformer"，in *The Writings and Speeches of Edmund Burke*: *Vol. 1*，General Edited by Paul Langford，Oxford：Clarendon Press，1997，p. 66.

[2] Ibid.，p. 68.

差异存在——在我看来，这仅是一种表面现象而非真实——，还是可能有某种人类理性与趣味的共通标准"①。换而言之，伯克否认审美品位是纯粹个体化的事务，它存在某种公共性的讨论空间，至少是一种公共性的效益。

其次是，审美的标准受到道德原则的限制。伯克在这里首次表达了对于道德原则的强烈偏好。与今日的许多保守派类似，伯克认为戏剧的创作者和表演者往往借托艺术之名进行一些令人在道德上感到不快的表演。他们必须依赖于这种刺激才能吸引观众。"因为诗人既要依靠自己的声誉，又要依靠人民的生活，常常不得不以牺牲自己的判断力为代价来取悦人民。"②这种情况反映整个国家和民族的审美匮乏。伯克通过对比爱尔兰和法国的处理，称赞法国在戏剧表演上对于接吻情节的限制。"法国人虽然在天赋方面不如我们，但在礼仪和规矩方面却一定超过我们。"③一个有教养的民族需要显示出这种审美品位的优越性。当然，伯克绝对想不到当时年仅七岁的萨德侯爵以后会给法国文学带来什么样的变化。

最后是审美品位可以进行教化。伯克在强调作家和演员应该引导审美品位的同时，也承认审美品位本质上受到公众偏好的限制。"人们之所以赞成这些东西，与其说是出于他们自己的判断，不如

---

① ［英］埃德蒙·伯克：《关于我们崇高与美观念之根源的哲学探讨》，郭飞译，大象出版社 2010 年版，第 15 页。

② Edmund Burke, "The Reformer", in *The Writings and Speeches of Edmund Burke*: *Vol. 1*, General Edited by Paul Langford, Oxford: Clarendon Press, 1997, p. 80.

③ Ibid., p. 79.

说是出于习惯；我敢说，如果他们过去习惯于更好的戏剧和更好的风俗习惯，他们一定会像现在赞成这些东西一样鄙视它们。"①这句话的意思直截了当，但在某种程度上被视为早晚期伯克思想分裂的证据之一。尤其是考虑到晚期伯克对于习俗和偏见更为积极的态度，而《改革者》中的习俗却是一种需要进行革新的东西。又比如，早期伯克对于习俗的道德教化与法国大革命时期激进分子所奉行的道德教化之间又存在何种区别。这些问题最终演变成为伯克研究中一个争论不已的主题，即伯克的思想是否具有一种内在一致性。

全面回答这一问题不是这里的重点。伯克在习俗问题上的摇摆是他始终在道德和现实之间挣扎的表现，但他的态度并不完全矛盾。无论是早期还是晚期的伯克，他都没有承认习俗是一成不变的东西。习俗本身不完美不代表它一无是处，改善习俗也不等同于否定习俗。"伯克意识到，习惯和人为的联系缩小了个人自由的范围，但它们也是社会生活的黏合剂。"②道德和现实的复杂关系只能在具体的事态中进行处理，对于道德或者现实进行抽象的讨论缺乏实际的价值。

伯克一生都非常强调实践的重要性。"一个善良而有智慧的人，在学习之后，首先要思考的是如何使他们对人类有用。但他通常会

---

① Edmund Burke，"The Reformer"，in *The Writings and Speeches of Edmund Burke*：*Vol. 1*，General Edited by Paul Langford，Oxford：Clarendon Press，1997，p. 79.

② David Bromwich，*The Intellectual Life of Edmund Burke*，London & Cambridge：The Belknap Press of Harvard University Press，2014，p. 36.

遇到许多人的骄傲或愚昧带来的许多障碍，以至于他必须坐下来满足于有学问的称号。"①他不满足于这种知识上的充足，并认为有必要通过行动对社会产生影响。创办报纸向都柏林民众进行宣传就是一种伯克式的实践。随着伯克日后对于现实日益深入的参与，他对抽象道德的厌恶愈发明显。在数十年后关于一位论者的批评中，他不无讽刺地写道："政治家与大学里的教授不同。后者只有关于社会的普遍观点。"②莫雷对于伯克评价充满了自由主义的视角，但他的这一论断是正确的。"伯克对哲学家阴谋集团的憎恶和轻蔑并非通常所说，是受法国大革命影响的结果。"③

在撰写《改革者》时，无论伯克是否意识到道德和现实的复杂关系，它确实已经成为他讨论中挥之不去的主题。他从审美品位切入可能也与他对古典诗歌的偏爱存在一定联系。我们不应该过分放大伯克这一学生时代作品的重要性，毕竟这份报纸仅仅出版了数月之后就宣告中断。

《改革者》更多展现出伯克思想一些可能的出发点，那就是所有的阅读和思考都不可能离开道德和现实这两个相互纠缠的因素。伯克倾向于赋予自己的行动以道德和现实的必要性。"一个国家的

---

① Edmund Burke, "The Reformer", in *The Writings and Speeches of Edmund Burke*：*Vol. 1*, General Edited by Paul Langford, Oxford：Clarendon Press, 1997, p. 86.

② Edmund Burke, "Speech on Unitarians Petition for Relief", in *The Writings and Speeches of Edmund Burke*：*Vol. 4*, General Edited by Paul Langford, Oxford：Clarendon Press, 2015, p. 489.

③ ［英］约翰·莫雷：《埃德蒙·伯克评传》，刘戎译，上海社会科学院出版社 2018 年版，第 22 页。

财富不是由其贵族的华丽外表或奢华生活来估计的；而是在一个民族中散布的统一的丰富资源，最贫穷的人和最伟大的人都有份，这使他们幸福，使国家强大。"①改变都柏林爱尔兰人的品位是爱国者的责任，这种态度也为我们解释《美与崇高》提供了更多的路径。

第二节　对自然社会的讽刺

1749 年，从三一学院毕业之后，伯克进入了一段为期数年的空窗期。直到 1756 年匿名出版《为自然社会辩护》，伯克才重新进入公众的视野。关于这段时间伯克的记录十分稀少。我们知道的是，在 1750 年，在父亲的要求下，伯克前往伦敦继续学习法律。他的父亲期望伯克可以继承他的事业，成为一名律师。

在伦敦的学习过程中，伯克很快发现他对成为律师缺乏足够的兴趣。律师往往倾向于在法律实务上展现出一种狭隘的实证态度，问题被限制在具体的繁文缛节之中，丧失了对于普通法原则的真正诉求。伯克的这种态度在他之后的一生中多次出现。对黑斯廷斯的审判是最直接的表现。当黑斯廷斯的律师团试图将委员会的指控转化为一项项技术性的法律问题进行瓦解时，伯克强调了这种专业主义的危害性。"当普通人强迫自己必须使用专业的语言时，他

---

① Edmund Burke, "The Reformer", in *The Writings and Speeches of Edmund Burke*: *Vol. 1*, General Edited by Paul Langford, Oxford: Clarendon Press, 1997, p. 96.

们就被剥夺了对自己理解力的指导：他们被律师牵着鼻子走，服从律师的指导。"①

伯克对于法律专业主义的反感恰恰与他对英国法律精神的认可密切相关。伯克不讨厌法律，他非常强调这种精神在英国宪法制度中的重要性。问题在于，法律专业主义往往通过技术性的方式，破坏了普通法的精神内涵，阻碍了正义的实现。"在伯克看来，由于黑斯廷斯将印度次大陆的行政管理沦为个人的任意行为，这被认为是对议会控制的蔑视和对公共道德的贬低。"②无论在具体问题上如何为黑斯廷斯开脱，他的行为本质上是对于英国法律精神的根本背离。

对于伯克与黑斯廷斯之间漫长的争议，将会放到与印度部分相关的章节进行进一步讨论。现在让我们把目光重新转向在伦敦学习的伯克。放弃将律师作为职业目标，引发了伯克和父亲之间的不和。拒绝父亲安排的道路，伯克也陷入一种迷茫之中，他尚没有对自己的未来作出清晰的考虑，以至于他一度有移民美国去试试运气的想法。

1756 年博林布鲁克子爵（Henry St. John，1st Viscount Boling-broke）遗作的出版给予了伯克再次进入公共空间的机会。在 18 世纪 50 年代，讨论国教与自然神论的关系是一个流行的话题。泛泛

---

① Edmund Burke, "Limitation of the Impeachment", in *The Writings and Speeches of Edmund Burke*：*Vol. 7*, General Edited by Paul Langford, Oxford：Clarendon Press, 2000, p. 105.

② Richard Bourke, *Empire and Revolution*：*The Political Life of Edmund Burke*, Princeton & Oxford：Princeton University Press, 2015, p. 583.

而谈，这是整个宗教改革之后，对于教会在国家政治中再定位的结果。从更为具体的角度看，这是霍布斯通过新的政治哲学构建政教关系的结果。受到自然科学成功的刺激，霍布斯试图将自然科学的方法整体移植到政治哲学之上，以期可以实现政治的科学化，这种方法就是计算理性。用霍布斯自己的话来说："当一个人进行推理的同时，他所做的不过是在信中将各部相加求得一个总和，或是在心中将一个数目减去另一个数目求得一个余数。"①通过还原计算理性下的抽象个体，霍布斯建立了一整套被称为近代社会契约论的基本结构。这套范式的基本逻辑是假设存在一个原初状态，之后论证人类是如何由这一原初状态进入到文明状态或者说政治社会之中。

由于整个近代社会契约论以计算理性作为其基础，它不可避免地激起了一个基督教的古老问题，即理性与信仰之间的关系，这一问题最为突出在对于奇迹的解释上。无论学者如何对上帝进行理性化解释，他们都必须直面《圣经》中诸如摩西劈开红海之类的问题。这毫无疑问是超自然的，也不符合计算理性的逻辑链条。霍布斯本人在这一问题的立场是软弱的，他宣称，"虽然有许多东西是超乎理性的，也就是无法由自然理性加以证明或否定的，但天赋理性中却没有与之相违背的东西。看来出现与之相违背的情形时，毛病要不是我不善于解释，便是我们的推理错误。"②这种犹豫的态度

---

① ［英］霍布斯：《利维坦》，黎思复、黎廷弼译，杨昌裕校，商务印书馆2010 年版，第 27 页。

② 同上书，第 290—291 页。

也体现在洛克身上。一方面，他不像休谟那样否定奇迹的存在，另一方面，他认为理性可以对奇迹做出界定。问题是，在整篇《基督教的合理性》中，洛克也没有解释究竟应该如何用理性界定《圣经》的奇迹。洛克的表达似乎暗示这些奇迹已经是确定无疑的，这与他在《政府论》中对于自然状态的假设如出一辙：他假定了自然状态的样子，却没有告知我们为什么自然状态是这个样子。

洛克的这种态度可能与他对理性更为消极性的使用密切相关。但霍布斯和洛克在这里都无法给予一个令抽象理性个体普遍信服的理由。以自然科学作为目标，计算理性这种方法本身要求自己的普遍有效性，它也不会允许自己被任何东西所限制。霍布斯和洛克的克制，只能被之后更加彻底和激进的计算理性所取代。正是在这一意义上，他们为博林布鲁克子爵这样带有强烈自然神论倾向的人打开了大门。

与霍布斯和洛克遮遮掩掩地为信仰辩护不同，博林布鲁克子爵强调，理性是解决宗教问题的唯一途径。一切的制度化宗教从本质上来说都受到了腐蚀，它们被自己的教义、礼拜仪式所限制，陷入对于神秘的迷信之中。英国国教也存在这一问题。唯有通过理性，我们才能去除这些多余的特质，还原出宗教的原本样貌，回归对于自然宗教的信仰。

伯克敏锐地意识到，博林布鲁克子爵虽然将他的问题限制在自然宗教上，但它同样适用于政治社会。"如果自然宗教比我们通过启示、正确的理性和数千年的宗教社区经验而获得的宗教理解更好，那么自然社会必须比我们通过复杂的政治和经济制度获得的公正、有序和自由社会的利益更可取。"①尤其是考虑到博林布鲁克对于开明专制的偏好，伯克难以忽视这种逻辑的荒谬性。

1757 年，伯克假托贵族之名匿名出版了《为自然社会辩护》（以下简称《辩护》）一书。虽然这为后来的学者甄别作品造成了不小的困难，这在当时是一种流行的做法。在《辩护》中，伯克全盘模仿了博林布鲁克子爵的论证方式。

在《辩护》的开头，伯克采用了一种典型的沉思录风格进行叙述。他以自责的口吻写道："一想到政治社会，它们的起源，它们的构成，它们的作用，我有时甚至怀疑，造物主是否真想让人类处于一种幸福的状态。"②整个政治社会每天都在增加各种不合理的人为规则，限制了人的自然本性。既然政治社会的人为规则是逐渐增加的结果，那么逻辑上必然有一个原初的社会作为底本。"这个社会建立在自然的欲望和本能之上，而不是建立在任何积极的制度之上"③，也称之为自然社会。伯克采用这种沉思录的风格是否是一种对于哲学家抽象思考的讽刺是一个有趣的问题，不过至少的确当时很多的思想家喜欢采用这种方式显示自己对世界的冷静态度，一种被伯克认为缺乏道德和现实考量的态度。

《辩护》继续推演自然社会的逻辑。生育的本能让人认识到社

---

① Russell Kirk，*Edmund Burke：A Genius Reconsidered*，Peru：Sherwood Sugden & Company，Publishers，1988，p. 30.

② Edmund Burke，"A Vindication of Natural Society"，in *The Writings and Speeches of Edmund Burke：Vol. 1*，General Edited by Paul Langford，Oxford：Clarendon Press，1997，p. 137.

③ Ibid.，p. 138.

会这一概念，现实的便利则让人发现社会的好处。法律是为了维系这一自然社会的结果。在这种情况下，人类进入自然状态是自然的。"宗教和政府的概念是紧密相连的；当我们把政府作为一种必要的，甚至是对我们的福祉有用的东西来接受时，我们会不顾一切地把某种或其他类型的人造宗教作为一种必要的，尽管是不可取的结果。"①

问题随之而来，由于人为规则的介入，政治社会非但没有改善人类的不完美状态，反而导致了更多的灾难。通过一种夸张的描述，古代史被解读为无尽血腥和阴谋的历史。无论是恺撒杀人盈野还是哥特人和匈奴人对欧洲毁灭性的入侵，政治社会非但没有产生良善的结果，亦自然会将问题导向政治社会本身。"这些邪恶不是偶然的。任何愿意花心思考虑社会性质的人，都会发现它们是由社会结构直接造成的。"②无论是出于统治欲还是对稳定的需求，即便违背正义，政治社会需要维系自身的存在。这种维系本身充斥着强迫与暴力。"这个不道德之谜的全部内容被称为国家的理由。"③

确立了政治社会这一结构性罪恶之后，《辩护》进一步对君主制、贵族制和民主制这三种经典政体进行分析。君主制的专制是最容易被揭露的部分。"这种统治方式仅仅是由社会中最弱、最坏的

---

① Edmund Burke, "A Vindication of Natural Society", in *The Writings and Speeches of Edmund Burke*: *Vol. 1*, General Edited by Paul Langford, Oxford: Clarendon Press, 1997, p. 140.

② Ibid., p. 153.

③ Ibid., p. 154.

人的意志所支配，就会变成最愚蠢、最任性的东西，同时也是最可怕、最具破坏性的东西。"①民众的意志在暴君面前缺乏任何有力的保护。

贵族制在实质上也与君主制没有区别。"民众一般被排除在立法的任何份额之外，就其意图和目的而言，当 20 个独立于民众的人统治时，与只有一个人统治时一样，民众都是奴仆。"②更为糟糕的是，如同霍布斯所指出的那样，在非君主制的条件下，公私利益会面临更大的冲突。"在大多数情形下，当公私利益冲突的时候，他就会先顾个人的利益。"③这导致贵族制在继承了君主制缺点的同时，丧失了君主制的优点。

民主制同样不值得赞扬。表面上看，民主制似乎为良善的政治提供了基础："人民以自己的名义处理所有或大部分的公共事务；他们的法律是由他们自己制定的，一旦失职，他们的官员对他们自己负责，而且只对他们负责。"④但很快，民主制就沦为野心家的玩物。通过有效地煽动民众，他们成功地在民主制下将民众降格为奴隶。雅典民主制就是真实的写照。无论是陶片放逐法，还是推卸责

---

① Edmund Burke, "A Vindication of Natural Society", in *The Writings and Speeches of Edmund Burke*：*Vol. 1*，General Edited by Paul Langford，Oxford：Clarendon Press，1997，p. 156.

② Ibid., p. 158.

③ ［英］霍布斯：《利维坦》，黎思复、黎廷弼译，杨昌裕校，商务印书馆 2010 年版，第 144 页。

④ Edmund Burke, "A Vindication of Natural Society", in *The Writings and Speeches of Edmund Burke*：*Vol. 1*，General Edited by Paul Langford，Oxford：Clarendon Press，1997，p. 161.

任的军事指挥制度，"这个著名的共和国的整个历史只是一个关于轻率、愚蠢、忘恩负义、不公正、骚乱、暴力和暴政的组织，以及还有各种可以想象到的邪恶行为"①。

最后，《辩护》对混合政体也进行了攻击。在伯克后来的作品中，英国的政治制度被理解为一种典型的混合政体，这一政体是通过国王、贵族和平民的相互平衡而实现的。《辩护》却认为"君主党、贵族党和平民党共同把他们的斧子砍向一切政府的根子，结果他们互相证明了自己的荒唐和不方便"②。《辩护》的攻击方式非常容易令英国读者代入到对于英国制度的想象之中。伯克意图通过这种令人反感的攻击，进一步显示自然社会的荒谬性。

通过揭露人造政体的种种罪恶，《辩护》再次强调，"不幸的是，我们越偏离自然规律，越违背理性，就越增加了人类的愚蠢和苦难"③。《辩护》举了一个现代读者非常容易理解的例子："在自然状态下，的确，一个力量强大的人可以殴打或抢劫我；不过这也是事实，即我有充分的自由进行自卫，通过奇袭、狡诈或任何其他我可能优于他的方式进行报复。但在政治社会中，一个有钱人可以用另一种方式抢劫我。我不能保护自己；因为金钱是我们被允许用来战斗的唯一武器。如果我试图为自己报仇，那整个社会的力量就

---

① Edmund Burke, "A Vindication of Natural Society", in *The Writings and Speeches of Edmund Burke*: *Vol. 1*, General Edited by Paul Langford, Oxford: Clarendon Press, 1997, p. 165.

② Ibid., p. 167.

③ Ibid., p. 172.

会使我彻底毁灭。"①在政治社会中，民众不但不能行使天然的正
义，反而会被政治社会所压迫。当政治家宣称社会是为了保护弱者
时，政治社会却在维护强者。

解决问题的方法就是回归自然社会，回归到我们的理性。人造
社会的必要性是一种借口，它没有满足人类对于社会的需求。"如
果我们认为这种必然性是虚幻的，而不是真实的，那么，我们就应
当放弃他们的社会梦想和宗教幻想，从而证明我们自己是完全自
由的。"②

《辩护》的描述很容易让我们想到另一位同时代的哲学家，也
就是卢梭。同样对于自然社会怀有美好的想象，同样采用抽象的还
原论证，同样对政治社会贫富差距和压迫的嘲讽。正如卢梭在《论
人类不平等的起源和基础》中写到的那样，"人类所有的进步，不
断地使人类和它的原始状态背道而驰；我们越积累新的知识，便越
失掉获得最重要的知识的途径"③。他悲观地认为，高贵的野蛮人
已经一去不复返，文明状态是一种不可救药的堕落和补救。考虑到
伯克在写作时已经阅读过卢梭的作品，我们有理由怀疑，"伯克在
《辩护》中的目标不仅是博林布鲁克，也有可能是卢梭"④。

---

① Edmund Burke，"A Vindication of Natural Society"，in *The Writings and Speeches of Edmund Burke*：*Vol. 1*，General Edited by Paul Langford，Oxford：Clarendon Press，1997，p. 176.

② Ibid.，p. 183.

③ ［法］卢梭：《论人类不平等的起源和基础》，李常山译，商务印书馆1997年版，第63页。

④ David Bromwich，*The Intellectual Life of Edmund Burke*，London & Cambridge：The Belknap Press of Harvard University Press，2014，p. 44.

伯克的本意是通过《辩护》反讽抽象理性主义的荒谬性。只不过，更具有讽刺性的是，作为一部讽刺作品，《辩护》却被许多读者，特别是后来的读者，视为对抽象论证的进一步支持。这迫使伯克不得不在第二版的序言中明确表态，"这样做的目的是为了表明，不需要动用任何相当大的力量，就可以用破坏宗教的同样手段来颠覆政府，而且还可以用似是而非的论据来反对那些他们对其他一切都表示怀疑的东西，而这些东西是绝不允许受到质疑的"①。

伯克的做法也引发了一小部分学者的争议。罗斯巴德就认为，伯克没有真的在进行讽刺，伯克之所以在九年后的第二版序言中这样表态，是因为伯克即将进入下议院。《辩护》中表达的无政府主义态度在政治上是极度有毒的。"事实上，《辩护》的全部基调是这样的：一个人害怕发表自己的观点所带来的个人后果，他甚至试图阻止这些后果。"②

对于当代读者来说，他们更难理解《辩护》作为一部讽刺作品的特征。尤其是在近代社会契约论已经广为流传的情况下，他们会对文本的讽刺产生明显的隔阂感。

《辩护》讽刺性最直接的表现是对博林布鲁克历史学的夸张模仿。博林布鲁克为了证明自己哲学观点的正确性，往往倾向于以某种任意的方式对历史进行裁剪。伯克反对这种做法，认为这种做法

---

① Edmund Burke, "A Vindication of Natural Society", in *The Writings and Speeches of Edmund Burke*: *Vol. 1*, General Edited by Paul Langford, Oxford: Clarendon Press, 1997, p. 134.

② Murray Rothbard, "A Note on Burke's Vindication of Natural Society", *Journal of the History of Ideas*, Vol. 19, No. 1, 1958, p. 118.

对人类历史缺乏尊重。"博林布鲁克对理性优先的信任与他对事实空洞的信念是相辅相成的。"①为了揭示这种方法的荒谬性，《辩护》采用同样的方式将整个古代历史解释为血腥征服的结果。出于对古典学的熟悉，与伯克同时代的读者能够更敏锐地意识到这种历史的粗制滥造之处。

《辩护》的第二层讽刺性体现在对于抽象理性本身的讽刺上。"精神上的自负，或理性的骄傲，长期以来一直是自然神论的敌人攻击的目标。"②伯克在作品中有意放大抽象理性的这种狂妄特征。《辩护》的沉思录气质建立在一种个体对于自己生活的反思之上。伯克否认通过纯粹个体的自省，可以产生一种健全的道德直觉。道德不是个体抽象思考的结果，它必须与现实共存。这可以视为对卢梭的"良心"进行一种彻底的否定。进一步，整个自然社会都是建立在这种抽象的道德推理之下。《辩护》意图讽刺性地指出，这种缺乏现实的拟造想象根本不可能是人类社会的真正样貌。

《辩护》的第三层讽刺性也体现在对于作品结构本身的安排上。《辩护》将大量的篇幅花费在对于政治社会的否定上。可一方面，它既没有告诉我们自然社会的具体场景，它充其量只是在抽象的意义上说自然社会不存在政治社会中明显的贫富分化和压迫；另一方面，它没有指出我们回到自然社会的途径。面对如此多尚未解决的

---

① David Bromwich, *The Intellectual Life of Edmund Burke*, London & Cambridge: The Belknap Press of Harvard University Press, 2014, p. 49.

② Richard Bourke, *Empire and Revolution: The Political Life of Edmund Burke*, Princeton & Oxford: Princeton University Press, 2015, p. 80.

问题，《辩护》的最后写道："我已经演得够久了，对这出戏心生厌倦。"①摧毁了所有的人造社会之后，沉思录式的反思在对于世界的悲观中戛然而止。伯克在其一生中都认为这无论是在道德和现实中都是极不负责的表现：复杂的现实世界不是智力游戏的游乐场。

伯克将博林布鲁克的逻辑从自然宗教推导至自然社会具有双重的目的。一方面，伯克意识到即便是博林布鲁克自己也不敢将这种逻辑运用于政治领域，害怕导致灾难性的政治后果；另一方面，通过呈现这种逻辑在政治上的荒谬性，伯克意图进一步破坏这种思考方式本身的说服力。

伯克不讨厌理性，恰恰相反，他认为理性推论有其必要性，问题的关键在于对理性的滥用。博林布鲁克的逻辑使得人类历史被计算理性所扭曲：人类文明确实存在不完美的部分，但抽象理性的真空反思抹杀了文明的积极价值。人造社会才是人类历史真实塑造的结果。可能存在普遍的道德原则，但它的表达都是基于具体的现实展现出来。"真正的理论体现在实践中，虽然道德原则可以用抽象的术语表述，但只有在具体的情况下应用时才有意义。"②传统习俗和集体智慧在这种塑造过程中扮演了非常重要的角色。伯克的这种偏好与他对普通法传统的热爱密切相关。普通法的显著特点就是依

① Edmund Burke, "A Vindication of Natural Society", in *The Writings and Speeches of Edmund Burke*：*Vol. 1*, General Edited by Paul Langford, Oxford：Clarendon Press, 1997, p. 183.

② Peter Stanlis, *Edmund Burke*：*The Enlightenment and Revolution*, New Brunswick & London：Transaction Publishers, 1993, p. 79.

赖于历史塑造形成的判例，这些判例本身代表了对于道德与现实复杂关系的认知。不过，在黑斯廷斯的审判中，伯克似乎又展现出一种突破普通法的态度，成为他在道德和现实中反复挣扎的重要表现。

与人造社会相反，自然宗教与自然社会是一种抽象逻辑推演的假设，本质上与 1 + 1 = 2 没有区别。为了保证自己的普遍性，它必须依赖于一种极端的还原论立场，抹除一切历史性因素的影响。这种抹除本身导致它的信奉者不可避免地只能相信自己的个体理性，为理性狂热打开大门。与任何狂热一样，理性暗含一种排他和霸权的主张。在狂热之下，信奉者并没有耐心去考察每一具体事件的问题，他们只是试图以最快的方式达到自己的理想目标。尤其是，"当人们看到一个他们热切渴望的政治目标，但在某种程度上，他们倾向于极端地去缓和，或者低估了获得它所带来的邪恶"①。雅各宾派的恐怖是这种逻辑在现实中的体现，这种肆意的解构只会产生无政府与专制这一对双生子。"一些二十世纪的哲学无政府主义者试图把伯克描绘成一个自然的、无政府的社会存在模式的捍卫者，这是非常荒谬的。"②

许多自由派学者喜欢强调伯克与洛克的共通性，《辩护》揭示了早期伯克与洛克存在决定性的不同。伯克一开始就不接受近代社

---

① Edmund Burke, "Appeal from the New to the Old Whigs", in *The Writings and Speeches of Edmund Burke*: *Vol. 4*, General Edited by Paul Langford, Oxford: Clarendon Press, 2015, p. 381.

② Russell Kirk, *Edmund Burke*: *A Genius Reconsidered*, Peru: Sherwood Sugden & Company, Publishers, 1988, p. 31.

会契约论的基本框架。换言之，伯克从未直接接受洛克在《政府论》中对于政府的基本定义。我们可以承认，伯克吸收了一部分洛克对于英国政治制度的灵感，但两者的思考起点缺乏内在一致性，这种思想的差异将始终萦绕在两个不同时代辉格党人的论述之中。

第三节　审美与道德现实

伯克在《改革者》中对于审美品位的关注并非纯粹个人兴趣。讨论审美品位与道德以及社会的关系是一个流行的话题，无论是孟德斯鸠、伏尔泰还是亚当·斯密都试图阐释它们之间的联系。在伯克之前，大部分学者对美学的理解具有强烈的毕达哥拉斯和柏拉图倾向。他们往往将美与数学、比例、完满这样的概念联系在一起，否定美的经验性特征，实现理性对美的宰制。伯克在《美与崇高》的第二版序言中写道："西塞罗极大地影响了学院派哲学，后者走向了对人类知识的全面怀疑，当然也拒绝承认感官经验的确实性。"①

与《辩护》不同，伯克在《美与崇高》中以一种更为学术性的语言对问题进行讨论。他试图将对美学的理解变为一种更接近科学的东西。"令伯克感兴趣的是自然界的特定力量在人类中刺激特定

_____

① ［英］埃德蒙·伯克：《关于我们崇高与美观念之根源的哲学探讨》，郭飞译，大象出版社 2010 年版，第 5 页。

倾向的统一性。这项工作的目的是确定这些统一反应的最终和有效原因，从而为人类学或人类科学的一个重要分支作出贡献。"①更精确地说，伯克想要为审美提供某种普遍的标准。从表面上看，这与霍布斯意图将政治科学化的目的非常一致，也再一次引发了伯克的思想是否存在内在分裂的讨论。

与近代理性主义者不同，伯克对于普遍性的理解更加接近常识上对于这一概念的使用。他强调经验事实的优先性，不认为普遍与特殊，或者说原则与例外是完全对立的东西。普遍的标准不是由 1＋1＝2 这样的数学确定性所建立，而是由某种通行或者说普遍认可的立场所决定。在《美与崇高》的开篇，伯克已经暗示，"因为，如果人类没有某些判断力与感性的共通原理，那么在理性或激情方面，我们就可能会无所措手足，不足以支撑日常生活中彼此的沟通和交往"②。换而言之，普遍标准的存在不是抽象理性的推理，而是经验现实的结果。"伯克不像他的继任者康德那样相信，在我们对待艺术作品时，隐含着一个目的王国的承诺。"③日常生活交流的有效性足够证实伯克意义上普遍性标准的存在。

伯克对于普遍和特殊的理解贯穿于他许多作品之中。在晚年谈及爱尔兰的受压迫问题时，伯克认为普遍的压迫正在将自己变成一

---

① Richard Bourke, *Empire and Revolution*：*The Political Life of Edmund Burke*, Princeton & Oxford：Princeton University Press，2015, p. 123.

② ［英］埃德蒙·伯克：《关于我们崇高与美观念之根源的哲学探讨》，郭飞译，大象出版社 2010 年版，第 15 页。

③ David Bromwich, *The Intellectual Life of Edmund Burke*, London & Cambridge：The Belknap Press of Harvard University Press，2014, p. 77.

种新的原则。"由于如此频繁，它们甚至可能走得更远；把自己变成一种原则，把规则变成例外。"①这成为伯克与近代理性主义者之间的一个重要矛盾。伯克否认理论，甚至蔑视理论的优先地位。即便是在《美与崇高》这样的作品中，他依旧明确表示："我认为，在理论上错误而在实践中正确，这是毫不奇怪的；我们也乐于看到这样的情况。"②

站在经验优先的立场上，伯克开始探讨审美的普遍标准。审美趣味不是一个简单的观念，它"是由来自对感官初级感觉、想象力的次级感觉以及理性能力所得结论的整体把握；它与这些能力之间的复杂关系相关，也与人类的激情、习惯的行为方式相关"③。但普遍性标准的成立依旧以感觉作为基础。"像所有的观念一样，那些崇高和美丽的观念必须起源于感官。"④

伯克与霍布斯、洛克没有什么不同，他们承认人类在生理结构上的相似性，也承认这种相似性为某种普遍标准提供了可能性。他们也不会否认个体在面对不同事物时会产生不同的感觉。然而他们的相似性也到此为止。在霍布斯看来，"体质结构的不同和意见的偏执使我们在接受时发生差异，所以便使每一种事物都具有我们自

① Edmund Burke, "Tracts relating to Popery Laws", in *The Writings and Speeches of Edmund Burke*: *Vol. 1*, General Edited by Paul Langford, Oxford: Clarendon Press, 1991, p. 459.

② ［英］埃德蒙·伯克：《关于我们崇高与美观念之根源的哲学探讨》，郭飞译，大象出版社 2010 年版，第 47 页。

③ 同上书，第 25 页。

④ David Bromwich, *The Intellectual Life of Edmund Burke*, London & Cambridge: The Belknap Press of Harvard University Press, 2014, p. 64.

己的不同激情的色彩"①。换言之，存在一种关于感觉的普遍本质，只要去除上述的影响因素，所有人都可以获得同样的感觉。

伯克对于普遍性的理解则赋予他更为灵活的解释空间。他表示："然而，或许我们能够非常清晰地争论哪一事物看起来就令人开心与否。最为遗憾的是，当我们讨论特定的或习得的爱好的时候，我们总是想到个别人的习惯、偏见或者精神失常，然后就根据这些匆忙得出结论。"②审美的普遍标准建立在群体而非个体之上。伯克在这里似乎导入了他在《改革者》中就坚持的观点，即审美与由习俗构成的公众偏好密切相关。霍布斯试图排除的偏执意见，反而是审美普遍性的重要基础之一。

进一步，伯克反对洛克在《人类理解论》中对于痛苦和愉悦的加减法认知。或者从更大的角度看，他反对霍布斯式的计算理性处理方式，即将不同性质的事物还原为同质的量。他承认人类外在感官的实在性，但感官产生的痛苦和愉悦不是一种数学上加减法的关系。"痛苦和愉悦的存在不仅不必然需要依靠相互的减少或去除，而且事实上，愉悦的减轻或者停止并不产生类似于实际的痛苦的作用；而痛苦的去除或者减轻，在其效果上也和实际的愉悦并不相像。"③

---

① ［英］霍布斯：《利维坦》，黎思复、黎廷弼译，杨昌裕校，商务印书馆2010年版，第27页。
② ［英］埃德蒙·伯克：《关于我们崇高与美观念之根源的哲学探讨》，郭飞译，大象出版社2010年版，第18页。
③ 同上书，第31页。

伯克美学的反功利主义特征使得他与洛克产生了决定性的不同。"尽管霍布斯和洛克都没有得出快乐—痛苦计算的道德后果，但伯克看到了这个理论的含意。"①如果接受快乐就是痛苦的减少，人类很难抵御将这种审美原则运用在道德和现实领域的诱惑。虽然可以通过诸如整体利益最大化之类的限制达成某种理论上的自洽，但只要还依赖于个体感觉，这种计算始终需要面对将自己的快乐建立在他人痛苦之上这一问题。

作为痛苦与愉悦这一对标准的替代品，伯克提出以美与崇高作为审美的两个基本部分。前者来源于人的社会本能，后者来源于人的自保本能。这两种范畴都系统性拒绝计算理性的介入。这主要体现在两个方面。

第一，崇高与美在本质上都与计算理性无关。当霍布斯将自保的激情作为从自然状态跨向文明状态的重要条件之一时，伯克强调这种想象力对人类巨大的刺激效果。崇高的原初动力之一就是这种理性来不及介入的冲动，"它不但不是通过理性分析产生的，恰相反，它通过某种不可抗拒的力量把我们席卷而去，根本来不及进行理性分析。"②人面对巨大事物所产生的无限感就是一种典型的表现。

美学也具有类似的特征。美同样来源于人的感官和想象力，而非比例这样的数学概念。"比例与适合性，仅仅是出于对作品本身

① Peter Stanlis, *Edmund Burke and the Natural Law*, New Brunswick & London: Transaction Publishers, 2003, p. 171.

② [英]埃德蒙·伯克：《关于我们崇高与美观念之根源的哲学探讨》，郭飞译，大象出版社 2010 年版，第 50 页。

的思考，因此只能产生认可，也就是理性的默认，但却无法产生爱，也不会产生其他类似的激情。"①传统理论之所以会将比例之类的概念作为美的表现，是因为将某种目的论渗入到审美之中。伯克讽刺性地指出，人体的内脏非常符合其目的，但似乎没有所谓的美感。

第二，计算理性的介入反而削弱了审美的感受性。由于计算理性对于同质性的痴迷，它试图将一切事物还原为单纯的算术，这迫使计算理性追求一种彻底的清晰性与明确性。问题是，美与崇高不但不以清晰性作为自己的目标，甚至它反对这种清晰性。"我们的本性也使得我们在不知道将要有什么事情发生时，会想象那最恐怖的事物；因此，不确定本身就是如此地骇人。"②任何计算理性的介入都可能削弱不确定性所造成的恐惧。"崇高的本质是作为一种理念被体验，而这种理念是永远无法被置于理性的考察之下的。"③伯克不否认崇高与计算理性可以在特定的情况下共存，但南辕北辙的目标恰恰使得计算理性削弱了对于诸如无限和永恒这样超越计算理性界限的概念。

伯克美学思想的开创性已经被许多学者加以论述，并对康德等后世的美学研究者产生了许多影响。本书想要强调的是，《美与崇高》不能单纯被视作一部讨论美学的作品，它实际上以伯克对于道

---

① 　［英］埃德蒙·伯克：《关于我们崇高与美观念之根源的哲学探讨》，郭飞译，大象出版社 2010 年版，第 91 页。

② 　同上书，第 73 页。

③ 　David Bromwich, *The Intellectual Life of Edmund Burke*, London & Cambridge: The Belknap Press of Harvard University Press, 2014, p. 74.

德和现实的思考作为基础。伯克有意将计算理性从审美中驱逐出去的做法，客观上为美学提供了独立性。这种做法本身是早期伯克思想一致性的表现，即对于计算理性极度的不信任。这种计算理性充斥着自以为是和傲慢自大，忽视道德和现实的复杂性，它反复使用自己推断出的确定性强化自身的偏执。"确定性会激发不顾后果的创新，谦逊会让位于谨慎的改革。"①

在避免一个问题的同时，伯克的审美理论产生了更多新的问题。如果审美具有独立的价值，那么道德和现实在审美中究竟扮演了何种角色？一个最直接的问题就是为了美而美的问题。如果我们为了某种审美，需要在道德和现实问题上付出代价，那么我们是否有必要推进这种审美？伯克在《美与崇高》中为力量的辩护就引发这种潜在的担忧。"只要我们感觉到大力，也不管我们如何看待力量，我们总能发现带着恐怖的崇高。"②换而言之，即便是最残暴的权力也可以激起某种崇高的冲动。审美的独立性又赋予了一种潜在的放纵借口，它暗示我们拥有一种追求审美的单独权利。

更为糟糕的是这会引起伯克思想一致性的严重断裂。一方面，这凸显了《美与崇高》与伯克其他早期作品的紧张关系。正如上文所分析的一样，伯克在《改革者》中反复强调审美品位与习俗之间的潜在联系。审美品位在受到地区习俗影响的同时，也必须受到道

---

① Robert Lacey, *Pragmatic Conservatism*: *Edmund Burke and His American Heirs*, New York: Palgrave Macmillan, 2016, p. 42.

② ［英］埃德蒙·伯克：《关于我们崇高与美观念之根源的哲学探讨》，郭飞译，大象出版社 2010 年版，第 58 页。

德原则的支配。反过来，审美品位不可能是真空环境的产物，它受到具体时空下现实性因素的影响。问题是，在《美与崇高》中，伯克似乎将习俗所激发的习惯视为一种更为消极的力量，认为习惯削弱了激情的变化。"就像长久地使用会消减许多东西的痛苦效果一样，它也会以同一种方式减少愉悦感，这两种情况下，我们都会对使用的对象见怪不怪、毫无感觉。"①

另一方面，这也引发了早期伯克与晚期伯克思想的潜在冲突。巨大的力量是崇高的来源，这种力量无关道德上的善恶。革命作为一种巨大的力量，理所当然会激发某种崇高感。现在的问题是，法国大革命是一种崇高吗？晚期伯克否认这种可能性。他往往将法国革命描述为一种纯粹的邪恶，只能单纯激发害怕之情。一切的闪光点都集中在玛丽王后在断头台上的牺牲。伯克同时代的评论家已经注意到这种矛盾。"评论家们的普遍共识是，出于明显的意识形态原因，伯克不得不避免把革命解释为崇高的例子。"②

这种不一致性也成了论证早期伯克激进性的重要证据。"在伯克与自己就激情和习俗的对立影响进行的漫长辩论的开始，《探究》（指《美与崇高》）出人意料地对激情表示支持。"③激情的放纵则是社会解体的重要诱因。伯克似乎在反对计算理性的同时，提供了

---

① ［英］埃德蒙·伯克：《关于我们崇高与美观念之根源的哲学探讨》，郭飞译，大象出版社 2010 年版，第 88 页。

② Mark Neocleous, *The Monstrous and the Dead*, Cardiff: University of Wales Press, 2005, p. 14.

③ David Bromwich, *The Intellectual Life of Edmund Burke*, London & Cambridge: The Belknap Press of Harvard University Press, 2014, p. 95.

非理性版本的无政府主义。在审美独立性的掩护下，混乱和暴政获得被美化的可能性。暴行不再只是暴行，在合适的条件下被转化为对力量的尊敬。这不仅与伯克始终追求的健全现实感相背离，也与他对道德的重视相违背。这种不一致性是如此明显，以至于很多学者承认，"伯克的思想并不像他的一些评论家所希望的那样始终如一"①。这种矛盾可以更直接地表述为：一件事物是否可在道德上和现实上无法接受，而在审美上则表现出崇高或者美？

一个方便的解释是，早期伯克可能没有注意到理论中的潜在风险。伯克本人不将理论上的自洽作为优先目标，也不认为自己的学说绝对正确。正如他在《美与崇高》第一部分末尾所写的那样："一个超出表面现象研究事物的人，尽管有可能他是错误的，但他却为其他人扫清了障碍，或许他的错误有幸敞开了真理的大门也未可知。"②他可能是为了有意显示自己与休谟的区别，拔高了审美的独立价值。潜藏于此的无政府主义倾向不是伯克所寻求的结果。

伯克的谦虚可能被理解为一种自我吹捧。他没有真心实意认为自己理论是错误的。需要指出的，这种谦虚态度出现在伯克很多作品之中。在晚年所作《论弑君者和平的第四封信》中，伯克也保持了一种开放性。作者不可能保持一种纯粹客观的态度，他一定会带有自己的先入之见。作者作品的公正性是通过读者的评价完成的。

---

① Frank O'Gorman, *Edmund Burke：His Political Philosophy*, London：New York：Routledge，2004，p. 11.

② ［英］埃德蒙·伯克：《关于我们崇高与美观念之根源的哲学探讨》，郭飞译，大象出版社 2010 年版，第 47—48 页。

"如果作者攻击别人的观点，不公平地对待对手，勤奋的读者就会用他的力量，通过对他的作品进行审查，对原作者和他自己进行公正的审判。"①

《美与崇高》本身也提供了辩护的可能性。首先，伯克承认审美的独立性，但没有承认审美的优先性。"把美与优点相混淆，这种散漫的、不精确的评论方式，就会使我们在鉴赏理论和道德理论方面犯双重错误；这种错误也会误导我们抽去伦理科学的正当根基。"②伯克的直接目的依旧是反对将审美与有用性混淆在一起。这不等于同一件事物只能从审美进行评价，也不等于审美优先于其他评价方式。

其次，审美概念本身没有脱离道德与现实。作为审美起源的想象力本身不可能凭空产生，"它只能重新组合感官得来的那些观念"③。由经验得到的外在材料本身就蕴含了历史文化传统。换言之，我们在塑造这些观念的同时，不可能脱离特定的道德和现实情况。这可以成为伯克认为法国革命缺乏崇高的一个原因。法国革命破坏了想象力的基础，而非刺激了群体的想象力。

最后，审美需要服从生活。审美需要以某种秩序作为基础，想象力的放纵只会导致秩序的解体。一个稳定的社会不可能容忍每个

① Edmund Burke，"Fourth Letter on a Regicide Peace"，in *The Writings and Speeches of Edmund Burke*：*Vol. 9*，General Edited by Paul Langford，Oxford：Clarendon Press，1991，p. 45.
② ［英］埃德蒙·伯克：《关于我们崇高与美观念之根源的哲学探讨》，郭飞译，大象出版社 2010 年版，第 95 页。
③ 同上书，第 20 页。

人的异想天开。《美与崇高》"仅限于考察这两种观念的起源"①，而这种起源与道德和现实的影响不属于讨论的范围。"这项工作的目的并不是要把我们的职责解决在品位的帝国中。"②在伯克其他的作品中，他都显示出一种高度的一致性，即审美需要服从道德与现实。"艺术必须为人类的利益服务。它必须证明自己不是生活的敌人，即使它不是'人类的朋友'。"③

上述辩护在一定程度弱化了矛盾。伯克可能意识到《美与崇高》潜在的激进性。他满足于自己的观察，拒绝进一步展开讨论。在《美与崇高》的最后，他写道："我并不想对每一艺术形式中的崇高和美予以评论，而只不过想要找到某些原则，以便为它们分辨出、确定出某种标准来。"④如果对审美的任何深入研究会危及秩序，那么停下来是一个明智的选择。在理论中遨游得越久，距离现实可能就越远。

道德和现实这对主题始终萦绕在早期伯克的心头。早期伯克对于习俗的看法较其中后期更为负面。他承认习俗的影响，试图对习俗进行变动，为道德教化提供可能的途径。早期伯克也显示出对于计算理性的厌恶，这集中表现在对理论的轻视上。他将抽象理论视

---

① ［英］埃德蒙·伯克：《关于我们崇高与美观念之根源的哲学探讨》，郭飞译，大象出版社 2010 年版，第 5 页。

② Richard Bourke, *Empire and Revolution：The Political Life of Edmund Burke*，Princeton & Oxford：Princeton University Press，2015，p. 159.

③ David Bromwich, *The Intellectual Life of Edmund Burke*，London & Cambridge：The Belknap Press of Harvard University Press，2014，p. 90.

④ ［英］埃德蒙·伯克：《关于我们崇高与美观念之根源的哲学探讨》，郭飞译，大象出版社 2010 年版，第 147 页。

为一种智力游戏，"不是因为它们不存在或没有意义，而是因为它们与生活毫无关系"①。计算理性和由此产生的抽象权利成为伯克一生所反对的内容。问题是，《美与崇高》在拒绝计算理性赋予审美独立性的同时，也开启了另一扇无政府主义的大门。这导致了《美与崇高》与伯克其他作品的紧张关系。

早期伯克将审美作为重点的做法不意味着审美或者说品位可以决定道德和现实。恰恰相反，只有在确定的道德和现实的基础上，品位才能有效发挥作用。审美所依赖的激情则需要以秩序作为前提。"品位在维持宗教、政治和道德方面提供了至关重要的支持，但它不能提供足够的判断标准来捍卫虔诚或正义。"②现在的问题是，这种道德和现实的秩序又是来自哪里？

---

① Charles Parkin, *The Moral Basis of Burke's Political Thought*, New York: Russell & Russell, 1956, p. 26.

② Richard Bourke, *Empire and Revolution: The Political Life of Edmund Burke*, Princeton & Oxford: Princeton University Press, 2015, p. 143.

第二章　英国历史的传递

早期伯克对于审美的偏好不代表他有意构建一种美学本体论。他早期作品的现实指向非常明确。"伯克写的是政治的，而不是哲学的作品。"①他总是关心这种理论会产生什么样的实际后果。抽象理论是一种智力上的游戏，而将抽象理论运用于现实是一种严重的不负责。1759 年，伯克在他主持编撰的《年鉴》（*Annual Register*）中就这样评价卢梭："在目前的作家中，没有人比卢梭拥有更多的才华和学识，但他和世界都很不幸，他的那些作品，虽然引起了最大的轰动，为作者赢得了最高的声誉，但对人类却没有什么真正的用处和好处。"②

审美最终需要在道德和现实的限制下展现自身。伯克最终不得不面对一个古老的问题，即这些道德和习俗究竟是什么。伯克拒绝抽象理性偏爱的定义方式。"即便定义达到了描述事物本来面目的目的，

---

①　Frederick Whelan, *Edmund Burke and India Political Morality and Empire*, Pittsburgh: University of Pittsburgh Press, 1996, p. 276.

②　Edmund Burke, *The Annual Register or a View of The History, Politics and Literature, For the Year 1759*, London: James Dodsley, 1802, p. 479.

为了对事物做最好的了解，我们也最好把它作为探究的结论，而不要在我们的探讨之前运用它。"①他自然更偏好以一种历史生成的方式对道德和习俗进行描述。从这一点看，《一篇关于英国历史节选的文章》（以下简称《英国史散论》）体现了伯克思考难以避免的转向。他需要对英国的历史进行梳理，为道德和现实提供辩护的理由。

令人遗憾的是，作为伯克早期的长篇作品之一，《英国史散论》既没有在他的生前出版，也没有完成。这究竟在多大程度上与休谟已经出版了《英国史》相关，是一个难以探明的问题，但这却影响了学者对于这部作品的关注程度。很多伯克的研究者往往跳过这部作品，直接聚焦进入议会的伯克。本章则试图指出，《英国史散论》蕴含了伯克很多道德和现实观点的基础。在伯克的整个议会生涯中，他几乎没有脱离《英国史散论》所塑造的基本框架。"为了最大限度地理解伯克后来的政治著作，每个研究他思想的学生都必须研究他早期著作的一个主要主题，伯克在那里为他一生对启蒙运动的哲学和科学理性主义的强烈怀疑奠定了基础。"②

第一节　历史的改善

对于伯克而言，1757 年是忙碌的一年。刚刚出版完《美与崇

---

①　［英］埃德蒙·伯克：《关于我们崇高与美观念之根源的哲学探讨》，郭飞译，大象出版社 2010 年版，第 16 页。

②　Peter Stanlis，*Edmund Burke：The Enlightenment and Revolution*，New Brunswick & London：Transaction Publishers，1993，p. 151.

高》的他与当时著名的出版商罗伯特·多兹利签订了一项出版协议，撰写从恺撒大帝时代到安妮女王统治末期的英格兰历史。在签订出版协议不到一个月内，伯克和自己的天主教妻子简·玛丽·纽金特结婚。写作《英国史散论》可能同时也带有养家糊口的现实需求。

伯克为何没有完成《英国史散论》是一个迷雾重重的问题。其中一种解释认为这与休谟出版的《英国史》有关。虽然伯克与休谟之间的信件可能不存于人世，但通过休谟给其他人的书信，我们可以确认在 18 世纪 50 年代两者就已经建立起友谊。比如休谟在写给亚当·斯密的信中，就声称自己非常熟悉伯克。①顺带一提，伯克与斯密之间的友谊也是休谟将《道德情操论》寄给伯克之后逐渐建立起来的。我们不排除这样一种可能性，即伯克在了解到休谟的英国史撰写计划之后，选择暂停本书的写作。事实上，在 1761 年的《年鉴》中，伯克就大力赞扬了休谟的《英国史》，认为这填补了英国历史叙述的缺失，"把我们的国家从耻辱中解救出来"②。伯克可能认为休谟在英国史上的造诣高于自己。但问题是休谟《英国史》最早的一卷在 1754 年就已经出版，如果基于上述动机，伯克没有必要在 1757 年签订出版合同。

另一种解释是，由于诸事缠身，伯克没有充足的时间完成这部

---

① 参见 David Hume，*Hume to Smith*，*28 July 1759*，*The Letters of David Hume：Vol. 1*，Edited by J. Y. T. Greig，Oxford：Oxford University Press，1932，p. 312。

② Edmund Burke，*The Annual Register or a View of The History*，*Politics and Literature*，*For the Year 1761*，London：James Dodsley，1800，p. 301.

作品。虽然这部作品的截止日期被预定为次年的圣诞节，但考虑到伯克在这两年中完成了从结婚到生子一系列事件，他可能无法抽出足够的时间放在写作上。紧接着，在 1759 年伯克被引荐为下议院议员汉密尔顿（William Gerard Hamilton）的私人秘书，开始踏入政治界。私人秘书的繁忙工作，让伯克的写作时间变得更为窘迫，伯克与汉密尔顿的决裂也与此密切相关。用伯克自己的话说，"在我生命中最美好的六年里，他让我放弃了对文学声誉和财富发展的一切追求"①。再之后，伯克成了罗金汉姆侯爵的私人秘书，并进入下议院，这种紧密的过渡使得伯克不再有时间继续完成《英国史散论》。

评价一部未完成的作品是一件困难的事情，阿克顿勋爵就非常遗憾这一缺失。当然，也有学者对《英国史散论》不屑一顾，认为这是一部用糟糕英语写成的乏味作品。对《英国史散论》进行历史考据不是本书的重点，本书更关注的是伯克在《英国史散论》中的基本立场。《英国史散论》只写到大宪章时期，但伯克用自己之后一系列的作品在事实上延续了它的立场。宗教改革之后的英国国教和光荣革命是伯克整个生涯一直讨论的问题。换而言之，伯克在关于辉格党、关于议会改革、关于法国革命等一系列问题中，完成了没有写完的部分。

作为一个简单的例证，在爱尔兰问题上，伯克强调，"最为反

---

① Edmund Burke, *The Correspondence of Edmund Burke. Volume I, April 1744-June 1768*, Edited by Thomas W. Copeland, Chicago: University of Chicago Press, 1958, p. 165.

常的是，在相当长的一段时间，甚至是宗教改革期间，在他们最为严肃的法案中，英格兰的君主们发现他们的头衔是这样被授予的，他们要求爱尔兰人民的服从，不是来自征服的原则，而是作为附庸（vassals）以及教宗与爱尔兰人民之间的中间领主（mesne lords）"①，这与他在《英国史散论》的立场完全一致。他写道："由于他（指亨利二世）从教宗那里获得了对爱尔兰的授权，条件是使其服从于圣彼得的便士（Peterpence）②，他知道迅速履行这一条件将大大有助于他恢复罗马宫廷的好感。"③

伯克对于历史问题的关注不单纯是一种现实生活的需求。在写作《英国史散论》之前，他已经和他的朋友威尔·伯克（Will Burke）合著《欧洲人在美洲定居的记述》（*Account of the European Settlements in America*）。从伯克的思想演化看，从美学研究转向历史研究也是一个难以避免的过程。

正如第一章所指出的那样，伯克关注的焦点不是美学本身，而是审美对道德和现实的实际影响，这是他在《改革者》中奠定的基本思路。在接下来的思想发展中，他进一步拒绝了近代理性主义者的思考方式。这种方式往往先假定存在一个完整的理论框架，再从

---

① Edmund Burke，"Tracts relating to Popery Laws"，in *The Writings and Speeches of Edmund Burke*：*Vol. 9*，General Edited by Paul Langford，Oxford：Clarendon Press，1991，pp. 469—470.

② 圣彼得的便士（Peterpence）最初是一种撒克逊人向罗马教宗付款和捐赠的方式，随着时间的推移逐渐成为一种征税方式；在英国宗教改革之后彻底结束。

③ Edmund Burke，"An Essay towards an Abridgment of the English History"，in *The Writings and Speeches of Edmund Burke*：*Vol. 1*，General Edited by Paul Langford，Oxford：Clarendon Press，1997，p. 509.

历史中寻找支持自己理论的材料。伯克批评这种不公正的裁剪处理。"有一种似是而非的气氛，伴随着从普通经验的圈子中抽取的庸俗推理和概念，这非常适合一些能力狭隘的人，也适合一些懒惰的人。但是，当对一个非常复杂的问题进行痛苦而全面的调查时，这种优势就在很大程度上丧失了，因为这需要多方面的考虑。"[①]问题是，在拒绝上述方式的同时，伯克事实上认为存在某种历史的真实样貌。换言之，他必须回答，历史的真实样貌究竟是什么。

《英国史散论》试图以英国的宪政制度，尤其是法律的变迁为主轴，以统治者的更替为纪年，描述英国历史的变迁过程。伯克认为他的描述方式不是一种偶然。首先，"很少有任何好奇心的对象比人类法律的起源、进展和各种革命更合理。政治和军事关系在很大程度上是对人类的野心和暴力的描述；这是一部关于其律法的历史"[②]。其次，君主的行为最能够体现这种律法的变迁。在进入近代制度以前，绝大部分的律法都是由国王的意志所决定的。最后，通过回溯这种法律或者制度的来源，有助于加深我们对于今日事物的了解。"这种法学以如此丰富和充沛的洪水，浇灌和充实了整个国家。"[③]

整部作品以恺撒征服高卢作为其开端。伯克认为，在恺撒征服

---

① Edmund Burke, "A Vindication of Natural Society", in *The Writings and Speeches of Edmund Burke*: *Vol. 1*, General Edited by Paul Langford, Oxford: Clarendon Press, 1997, p. 135.

②③ Edmund Burke, "An Essay towards an Abridgment of the English History", in *The Writings and Speeches of Edmund Burke*: *Vol. 1*, General Edited by Paul Langford, Oxford: Clarendon Press, 1997, p. 322.

之前，与高卢一样，"我们的英国祖先没有正规的政治体制，没有常设的强制性权力"①。狩猎和放牧是早期不列颠人的基本活动。他们像候鸟一样迁徙。德鲁伊宗教构成了一种粗糙的秩序。通过偶像崇拜，德鲁伊将一种关于灵魂不朽的认知贯穿于不列颠人的本性之中。今日英国民众对于占卜的迷信就受到了这种古老宗教的影响。在恺撒之后，由于不列颠偏僻的位置，远离了罗马秩序。直到近一百年后，克劳狄乌斯皇帝才重新进行了征服运动。

在不列颠人屈服之后，总督阿格里科拉（Agricola），也就是塔西佗的岳父，成为实际的统治者。《英国史散论》高度评价了他的统治。通过将英国的习俗与罗马的制度相调和，他成功地让不列颠人接受了罗马的统治。"他把那个狂暴的民族逐渐塑造成温和的社会习俗；使他们不知不觉地喜欢上了澡堂、花园、豪宅，以及有教养的生活中所有宽敞雅致的东西。"②这种改变如此成功，以至于半个世纪之后，不列颠完全成为罗马世界的一部分。这是英国历史第一次重要的转变。

英国历史的第二次转变则来自罗马帝国的解体和撒克逊人的入侵。罗马秩序的崩溃使得英国重新陷入一种无政府状态之中。"这个不幸的国家失去了它的居民，被它的主人抛弃，被剥夺了它的艺术品，被剥夺了它的所有精神，处于一种最悲惨和绝望的境地。"③不列

---

① Edmund Burke, "An Essay towards an Abridgment of the English History", in *The Writings and Speeches of Edmund Burke*: *Vol. 1*, General Edited by Paul Langford, Oxford: Clarendon Press, 1997, p. 342.

② Ibid., p. 368.

③ Ibid., p. 384.

颠人自身的软弱无力，使得他们同意撒克逊人进入英格兰。撒克逊人很快意识到自己力量的强大，以武力征服英格兰。虽然无法确定详情，但《英国史散论》认为，"古代宗教和语言的突然消亡似乎足以表明，英国一定比欧洲大陆上的任何邻国遭受了更多的苦难"①，以至于基督教需要重新在英格兰生根发芽。但是，英格兰的巨大损失不等于历史的彻底中断，《英国史散论》观察到，传统的不列颠人依旧保留了下来，作为次等民族而不是奴隶存在于法律之中。

基督教的重新传入再次赋予不列颠以秩序。爱尔兰修道士在其中扮演了重要角色。第一，爱尔兰修道士以一种温和的方式将基督教重新带入不列颠。与阿格里科拉一样，他们没有彻底根绝异教的习俗，反而是用一种柔性的方式将其慢慢边缘化。甚至，异教习俗以各种方式被融合在了英格兰教会的仪式之中。"没有什么比这些规定更谨慎的了；它们确实是在对人性的完美理解下形成的。"②第二，爱尔兰修道士以自身的节俭作风和实际劳作作为感召，增加了真正的道德说服力。第三，爱尔兰修道院同时承担了墓地的职能，为生者和死者建立起桥梁，从而赋予了它额外的保护。第四，爱尔兰修道士通过知识的保存和传递，重新带领英格兰进入了文明社会。

---

① Edmund Burke, "An Essay towards an Abridgment of the English History", in *The Writings and Speeches of Edmund Burke*: *Vol. 1*, General Edited by Paul Langford, Oxford: Clarendon Press, 1997, p. 389.

② Ibid., p. 395.

《英国史散论》的下一个重点是阿尔弗雷德大帝（Alfred the Great）对英国的塑造。阿尔弗雷德的伟大之处在于他几乎奠定了所有英国制度的雏形。从郡议员到治安官再到陪审制度，英国宪政制度在这一时期奠定了自己极为粗糙的基础。《英国史散论》试图表明两个重要的观点：一方面，撒克逊法律是极为粗糙和原始的，"对伯克来说，这个原始的模型远非一个好模型，它只包含了我们宪法制度的一些模糊和不正确的轮廓"①。另一方面，撒克逊法律的很多习惯渗透到英国的制度之中。

一直被强调的撒克逊自由传统亦在其中。《英国史散论》强调，这种自由实质上是撒克逊部落转型的结果。撒克逊部落以军事征服作为基础。由于部落首领权力的有限性，在征服的过程中，他需要通过授予土地财产保持追随者的忠诚。在长期的征服过程中，部落首领逐渐演变成君主。君主权力的有限性和大量自由民的存在，使得英格兰的撒克逊制度充斥着一些粗糙的民主制度要素。"因为他们的政府形式是通过不断更新的联盟来维持的；所以当法律制定后，为了执行法律，必须再次求助于联盟，这是盎格鲁-撒克逊政府的伟大原则，而且我几乎可以说是唯一的原则。"②

英国历史的第三次转变来自诺曼人的征服。征服者威廉成为英国国王对英国的国内和国际格局都产生了重大影响。在国内，威廉

---

① Richard Bourke, *Empire and Revolution：The Political Life of Edmund Burke*, Princeton & Oxford：Princeton University Press，2015，p. 188.

② Edmund Burke, "An Essay towards an Abridgment of the English History", in *The Writings and Speeches of Edmund Burke：Vol. 1*, General Edited by Paul Langford, Oxford：Clarendon Press，1997，p. 443.

在承诺保持一定程度的撒克逊式自由时，大力加强了国王的力量。这不仅在于引入诺曼法和法语，更重要的是，通过对于庄园和税收的强力掌控。"一个君主拥有如此多的手段来折磨敌人，满足朋友，并且拥有如此充足的收入，完全不受臣民的影响，无论政府的外部形式如何，在实质和效果上一定是非常绝对的。"[1]英国人的自由受到了更为严格的限制。《英国史散论》将这种对自由的限制归咎为威廉对于反叛的潜在担忧。

在国际上，威廉彻底改变了英格兰与欧洲大陆政治相互隔阂的局面。在作为英国国王的同时，身为诺曼底公爵的他也需要承担作为法国国王封臣的权利和义务。法国国王与这位强力封臣的关系很难用融洽来形容。威廉也不得不反复在海峡两边跳跃，尽可能保护自己的权益。这深刻改变了自罗马衰弱以来，英格兰和欧洲大陆之间的疏离感。"与欧洲其他国家的交流因此被打开，自此在一系列持续的战争和谈判中得以保存。"[2]金雀花王朝的崛起和英法百年战争，更是将英国完全拖入欧洲大陆的政治游戏之中。

亨利二世与教宗权力的反复博弈体现了中世纪政教关系的复杂性和敏感性。《英国史散论》认为通过设立巡回法院压制大贵族，前者在一定程度上恢复了平民的自由。"狮心王"理查一世（Richard the Lionheart）则将重点放在十字军东征之上，对治理领地缺乏兴

---

[1]　Edmund Burke, "An Essay towards an Abridgment of the English History", in *The Writings and Speeches of Edmund Burke*: *Vol. 1*, General Edited by Paul Langford, Oxford: Clarendon Press, 1997, p. 470.

[2]　Ibid., p. 453.

趣。很快统治推进到无地王约翰（John the Lackland）时期，这一时期最为具有历史价值的事件就是《大宪章》的签订。

《英国史散论》指出，约翰由于自身性格和先前的叛乱，使得他的统治缺乏足够的欢迎。在内忧外患的情况之下，不恰当的政策导致了内乱的发生，他被迫接受主权的削弱。除了《大宪章》外，教会权力的扩张是一个经常被人忽视的地方。约翰在对世俗贵族让步之前，已经对罗马教廷作出了许多让步。1209 年，约翰就因为大主教选举的问题与教宗英诺森三世发生冲突。四年之后，因为法国入侵的压力，他不得不屈服与教宗的权威。"教会法现在已经发展到了它的全部力量。扩大教宗的特权是这一法律的主要目标。"①

紧接着，由于 1214 年对法战争的失利，约翰一世选择与叛乱的贵族谈判签订《大宪章》作为权宜之计。《大宪章》以及随后而来的《森林宪章》具有以下几个重要特征。"它首先解除了王权的无限特权，奠定了英国自由的基础。"②其次，它的目的不是创造新的东西，而是恢复英国过去所享有的自由。"这些自由是他们的祖先通过以前国王的自由特许权获得的"③。换言之，这种自由不是基于某种抽象的自然权利，而是历史上对于土地的授予和拥有形成的。最后，这份文件同样是粗糙和不完善的。它设计了一系列制度

---

①　Edmund Burke, "An Essay towards an Abridgment of the English History", in *The Writings and Speeches of Edmund Burke*: *Vol. 1*, General Edited by Paul Langford, Oxford: Clarendon Press, 1997, p. 534.

②　Ibid., p. 543.

③　Ibid., p. 540.

限制国王的权力，却没有提供足够的担保。"贵族们想不出任何措施来保障他们的自由，除了那些与君主政体相违背的措施。"①这直接导致了约翰与贵族的再次内战。通过 1217 年和 1225 年的两次修订，一份更温和的《大宪章》才逐渐融入英国的政治生活之中。

《英国史散论》对于现实历史的把握最终可以被总结为征服和统治不断循环的过程。至少，在伯克看来，英国的历史就是这样一种模式。前者被视为一个激烈而又短期的状态，基本上只持续大约一代统治者的时间；后者则更多被视为一个稳固而又长期的状态，这个状态虽然也存在强烈的斗争，但政权具有明显的连续性。

在这两种不同的状态中，伯克展现出明显的不同偏好。在征服问题上，他体现了一种接近于马基雅维利式的冷酷现实主义倾向。

《英国史散论》暗示了强力征服本身就是一种有效的统治方式。"征服是文明进程的必要组成部分。"②罗马人、撒克逊人、诺曼人的统治都是建立在对于原有统治者的征服之上。这同样也体现在日后英国对于爱尔兰、印度等一系列地区的征服上。被统治民众是否同意这一过程，这一过程是否符合某种规范，都无法改变征服这一事实。

更为重要的是，《英国史散论》否认这种征服和道德之间存在必然联系。征服过程存在一系列违背道德的行为，甚至是普遍的暴

---

① Edmund Burke, "An Essay towards an Abridgment of the English History", in *The Writings and Speeches of Edmund Burke*: *Vol. 1*, General Edited by Paul Langford, Oxford: Clarendon Press, 1997, p. 547.

② Richard Bourke, *Empire and Revolution*: *The Political Life of Edmund Burke*, Princeton & Oxford: Princeton University Press, 2015, p. 169.

行。无论民众是否满意，统治者只要能够对该地区的土地和人口进行控制，就已经实现了征服。它以征服者威廉为例指出，"征服者非常清楚，他的征服对所有人的财产和政府的普遍议程中产生了巨大的革命，这肯定会引起很多人的不满"①。英国民众可以反抗威廉将一种语言和制度强加给他们，但只要威廉能够有效进行镇压，他就保有统治权。正当性或者合法性在这一过程中似乎无足轻重，以至于《英国史散论》根本没有花费笔墨讨论这个问题。

在统治问题上，伯克又强调有效的长期统治依赖于道德教化与习俗相互匹配。除了对征服的描写之外，《英国史散论》花费大量篇幅描述各种统治者如何对国家和民众产生影响。它高度赞扬那些能够将政治制度与道德习俗相互糅合，从而实行有效道德教化的统治者。不列颠的罗马化和英国的再基督教化是典型的例子。通过一种柔和的方式，在带来文明的同时，他们也让被统治者真心接受了新的统治秩序。

在伯克晚期的作品中，对于道德因素的强调变得更为明显，以至于他似乎暗示有道德的统治是统治者应该努力实现的目标。"培养出一群有价值的人，使他们在科学和道德方面有所提高，使他们更加幸福和富有，这在某种程度上是一种光荣。"②伯克批评黑斯廷

---

① Edmund Burke, "An Essay towards an Abridgment of the English History", in *The Writings and Speeches of Edmund Burke*: *Vol. 1*, General Edited by Paul Langford, Oxford: Clarendon Press, 1997, p. 471.

② Edmund Burke, "Rohilla War Speech", in *The Writings and Speeches of Edmund Burke*: *Vol. 6*, General Edited by Paul Langford, Oxford: Clarendon Press, 1991, p. 111.

斯作为东印度公司的统治者，缺乏对于道德教化的重视。"以往根本没人试图去了解印度这个国家的历史，领会它的法律和习惯的内涵和精神，把握它前进的脉络，从而制定一套合理有序的发展方针。"①

伯克的倾向十分直接。"很明显，伯克欣赏的是改善征服的过程，而不是它所产生的粗暴的原生态。"②他为纯粹的暴力征服大开绿灯，但也期待一种更具道德光辉的征服。《英国史散论》似乎继承了伯克在道德和现实中反复游移的特征。不过，它的确为道德和现实的关系提供了进一步的说明。伯克似乎暗示我们，现实的残酷性和道德的重要性之间虽然经常出现紧张，但不等于两者是完全的互斥关系。历史的厚度本身已经为容纳两者提供了足够的空间。如果没有人类在历史中展现出的妥协和让步，作为理念的权威和自由将难以找到和解的可能性。

第二节　不彻底的偶然性

伯克对待征服的态度几乎立即引起和近代社会契约论者的冲突。无论是霍布斯还是洛克，皆以民众的同意作为征服和统治的基

① ［英］约翰·莫雷：《埃德蒙·伯克评传》，刘戎译，上海社会科学院出版社 2018 年版，第 139 页。

② Richard Bourke, *Empire and Revolution：The Political Life of Edmund Burke*, Princeton & Oxford：Princeton University Press，2015，p. 188.

础。他们试图在强力和权力之间划出清晰明确的界限。用卢梭的话说，"强力并不构成权利，而人们只是对合法的权力才有服从的义务"①。近代社会契约论者最恐惧的恰恰是纯粹强力产生的破坏性。

两者之间的冲突绝非偶然。这背后是两种完全不同的历史逻辑。受到近代自然科学的刺激，霍布斯以来的近代社会契约论者试图建立一种近似于自然科学的政治科学。通过移植自然科学的方法，他们认为可以在政治领域达到同样的明确性和无争议性。"将数学方法应用于政治哲学，意味着政治第一次被提高到了科学的高度，成为理性知识的部类。"②为了达到这一目标，一切特殊性的成分都需要被抽象和还原，以此找到最普遍的东西。这种政治建构最终产生了高度抽象化的原子式个体。这些个体没有性别、没有身份、没有任何特殊性的因素，近代契约论者进一步认为，唯一能够让这些抽象个体在理论上形成主权国家的方式只能来源于抽象个体的同意。

伯克的逻辑更接近常识的反应。征服或者短期的统治只需要民众被迫的忍受，长期的有效统治离不开民众的主动接受。一方面，征服和短期统治更加在意对民众的控制力，反而不那么在意理论上的合法性或者正当性。《英国史散论》暗示奴役和合法统治不是黑白分明的两端，而是存在许多暧昧不明的模糊地带。统治者和被统治者会在具体的博弈中相互妥协和让步，产生事实上的动态平衡。

---

① ［法］卢梭：《社会契约论》，何兆武译，商务印书馆 2005 年版，第 10 页。
② ［美］列奥·施特劳斯：《霍布斯的政治哲学》，申彤译，译林出版社 2001 年版，第 165 页。

这种平衡缺乏稳定性，往往依赖于双方的冷漠和耐受性。"没有这种妥协的方式，奴役永远不会发展成合法的服从。"①

　　另一方面，伯克可能不自觉地意识到，霍布斯所追求的纯粹外在服从，反而无法保证长期有效的统治。霍布斯会辩解，只要一个人不处于奴隶的地位，被迫同意也是一种同意的方式。但我们必须承认，这种被迫同意或者强迫式同意究竟能在多大程度代表人的真实意愿是值得质疑的。考虑到历史的实际演变，强迫式同意可能才是常见情况。进一步，将同意本身作为标准只是在另一个层面进一步将问题复杂化。"批评家要问的明显问题是，这种同意是如何表达的，描述商定的法律的特征在哪里。"②在这个问题上，近代社会契约论者的解释要么难以令人满意，要么干脆保持沉默。

　　在伯克的视野下，强力征服不是一个合法性或者正当性问题，而是一个有效性问题。只要强力征服实现有效控制，就是一种客观的现实。有效控制也不是可以被清晰化的标准，而是实际产生的结果。

　　伯克与契约论者的差异更进一步表现在对待历史的不同态度上。虽然契约论者可以强调自己的理论只是一种纯粹的逻辑结构，与具体历史无关；但几乎所有的近代契约论者都没有否认自己理论

---

①　Richard Bourke, *Empire and Revolution*: *The Political Life of Edmund Burke*, Princeton & Oxford: Princeton University Press, 2015, p. 171.

②　James Conniff, *The Useful Cobbler*: *Edmund Burke and the Politics of Progress*, New York: State University of New York Press, 1994, p. 21.

和现实历史的拟合性。显然，与一种抽象的逻辑结构相比，一种能够与现实历史相拟合的理论对大多数人更具说服力。

霍布斯的矛盾态度是一个典型的例子。一方面，他承认自然状态很有可能没有在现实历史中普遍存在过。在于贝拉汉主教的辩论中，他甚至可能有些不情愿地承认，"这很可能是真的，自创世以来，从来没有一个时期是人类完全没有社会的"①。另一方面，他频繁引用现实历史的例子为自然状态辩护。在《法律要义》中霍布斯就以日耳曼蛮族的生存状态作为自然状态的例证。他写道："正如我们所知道的那样，对于今日之野蛮国家的经验和对于历史中我们的祖先的理解，也就是德国和其他文明国家的旧住民，我们发现他们人口稀少且短寿，缺乏生活的必需品和装饰品。"②在《论公民》中，他也使用美洲印第安人的状态为自然状态辩护。

问题是，封闭的抽象理论与复杂的现实历史之间始终保持着非常紧张的关系。与在政治领域一样，由于以自然科学为效仿目标，这些理论也需要建立一种普遍有效的历史论述，这产生了两个无法避免的结果。从正面看，历史必须是一种目的论，这种目的论可以被抽象理性所解读，换言之，人类历史是人类可以凭借抽象理性解析过去确定未来的逻辑系统。从反面看，历史将不得不接受一种简

---

① Thomas Hobbes, "The Questions Concering Liberty, Necessity, and Change", in *The English Works of Thomas Hobbes*: *Vol. 5*, Edited by Sir William Molesworth, London: John Bohn, Henrietta Street, Covent Garden, 1841, p. 183.

② Thomas Hobbes, *the Elements of Law*, Edited by Ferdinand Tonnies, Cambridge: Cambridge University Press, 1928, p. 56.

化，一切不符合理论的部分，要么被视为异常，要么被视为不重要的部分加以舍弃。

《利维坦》中对政教关系的分析展现了这种简化的影响。按照主权至高无上不可分割的原则，霍布斯将主权分割、宗教对立等因素作为国家瓦解和衰弱的普遍原因，并提供相当多的历史证据来佐证他的观点。他进一步假定，"世俗权利由于是显而易见，从自然理性看更为明显，所以就必然会始终使很大一部分人归向于它"①。宗教，特别是非基督教的原始宗教，在很大程度上被抽象理性所解构，被解释为一种辅助统治的方式。在对于罗马原始宗教的讨论中，霍布斯就认为，"征服了当时已知世界最大部分土地的罗马人便毫不犹豫地对罗马城中的任何宗教采取宽容态度，除非其中有某种成分和世俗征服不能相容"②。

伯克拒绝这种对历史的简单化处理。"他所做的——概要地追踪他的思想所走的道路——是对十八世纪假设的反叛。"③中世纪英国王权和教权的复杂斗争是《英国史散论》大幅描述的内容，政教关系经常存在非常紧张的局面是毋庸置疑的事实。但霍布斯式的历史分析是对于事实的有意裁减，忽视了教会对于国家的积极作用。无论是爱尔兰修道士所保存的文明成果，还是大主教对英国政治制度的不断完善，"我们的祖先把教会的尊严和世俗的男爵尊严结合

---

① ［英］霍布斯：《利维坦》，黎思复、黎廷弼译，杨昌裕校，商务印书馆2010年版，第256页。

② 同上书，第88页。

③ Arfred Cobban，*Edmund Burke and the Revolt against the Eightennth Century*，London：George Allen & Unwin LTD，1929，p. 84.

起来，把教会的权力和世俗的权力融合在同一批人身上，以至于几乎不可能把它们分开"①，两者反复的斗争和合作才是今日英国自由诞生的重要原因之一。

卢梭意识到封闭理论与具体历史无法调和的矛盾，他认为"我们首先要把一切事实撇开，因为这些事实是与我所研究的问题毫不相干的"②。暂且不论卢梭彻底的分割是否可行，这种做法只是回避了问题而不是解决了问题。他被迫进一步依赖于抽象理性的推论，以至于不得不将彻底的理性个体作为自己的理论保证。在近代契约论最极端的自我冲突，即为国牺牲的问题上，他强调士兵的生命是契约之后由共和国再赋予的生命，"是国家的一种有条件的赠礼"③。人不能言而无信，破坏自己达成的契约。另一方面，"公意必须从全体出发，才能对全体适用"④。公民为共和国战斗，实际上就是在维护共和国本身。这种缺乏操作性的方案，一如本章开头伯克指出的那样，没有真正的可实现性。

《英国史散论》的描述方式在两个层面反驳了抽象理性构建的历史目的论。第一个层次是，大部分人并没有一种实现抽象理性所设定的目的论的自觉。作为直接参与者，他们很有可能既没有考虑

① Edmund Burke，"An Essay towards an Abridgment of the English History"，in *The Writings and Speeches of Edmund Burke：Vol. 1*，General Edited by Paul Langford，Oxford：Clarendon Press，1997，p. 501.
② ［法］卢梭：《论人类不平等的起源》，李常山译，东林校，商务印书馆1997年版，第71页。
③ ［法］卢梭：《社会契约论》，何兆武译，商务印书馆2005年版，第42页。
④ 同上书，第39页。

到也没有意识到他们所做之事对后世的影响。"在制定政策时，具体的后果远比理论上的权利重要。"①上节所提及的《大宪章》就是典型的例子，贵族和国王都将其作为权宜之计而非认真对待的条约，这意味着根本不存在一种许多普通法学者所设想的"从塔西佗描述的日耳曼商定到十七世纪议会胜利的自由无缝通道的幻想"②。

第二个层次，是历史不具备数学般清晰明确的因果关系。历史虽存在对应关系，但在具体事件中，这种关系既可以是多因一果，也可能是多果一因，更有可能是多因多果。比如，英国今日的法律是撒克逊法、教会法和罗马法相互混合之后的结果，而具体事态的变化会对这种混合产生差异巨大的化学反应。因此，《英国史散论》反对将自由视为一种亘古不变的民族性或者自古以来不变的传统。很多特征因为古老而受到尊重不等于它们本身不会变化，正如亚里士多德所指出的那样，"即使已经设立成文法规，人们也不应当总是一成不变的"③。

我们缺乏证据表明，伯克在撰写《英国史散论》时已经形成对于抽象理性的自觉反对。但我们至少可以确认，《英国史散论》对于抽象理性主义者扭曲历史的不满与《辩护》中的态度相一致。博林布鲁克的理论将历史视为一种不断堕落的过程，伯克讨厌这种方

① Robert Lacey, *Pragmatic Conservatism*, New York：Palgrave macmillan，2016，p. 24.

② Richard Bourke, *Empire and Revolution：The Political Life of Edmund Burke*, Princeton & Oxford：Princeton University Press，2015，p. 184.

③ 参见［古希腊］亚里士多德：《政治学》，颜一、秦典华译，中国人民大学出版社 2003 年版。

法论对历史事实的不尊重。"他对博林布鲁克的主要假设是，事实并不重要。理性可以告诉我们，如果人物按照他们应该的方式行事，任何历史叙事都会是怎样的。"①为了满足这种历史叙事，"你会发现其历史的每一页都染上了鲜血，并被骚乱、叛乱、屠杀、暗杀、禁令和一系列恐怖事件所玷污"②。

《英国史散论》对于历史目的论的削弱，为偶然性提供了更为有利的条件。它与休谟的《英国史》透露出一种相似的气质。"英国历史更像是一个偶然的发展过程，而不是一个坚持原始自由的故事。"③这种描述方式的最大优势，可能也是它的最大缺点，就在于能够不介入各种应然性问题。它不需要回答一个运行良好的政体被一个糟糕政体取代的合理性，也不需要回答为什么品行高尚的君主却遭受到悲惨的结局。它只需要描述制度和事件如何在历史的过程中变化，也可以承认一些偶然的变动所产生的蝴蝶效应。这也是为何《英国史散论》几乎没有讨论过征服合理性的关键原因。

撒克逊人的野蛮征服是这种描述方式最典型的表现。如果说罗马人的征服带来了文明和秩序，那么撒克逊人的征服充满了残酷和血腥。当时记录历史的教会学者已经发现，如果基督教是对人类的

---

① David Bromwich, *The Intellectual Life of Edmund Burke*, London & Cambridge: The Belknap Press of Harvard University Press, 2014, p. 48.

② Edmund Burke, "An Essay towards an Abridgment of the English History", in *The Writings and Speeches of Edmund Burke*: *Vol. 1*, General Edited by Paul Langford, Oxford: Clarendon Press, 1997, p. 146.

③ Richard Bourke, *Empire and Revolution*: *The Political Life of Edmund Burke*, Princeton & Oxford: Princeton University Press, 2015, p. 185.

拯救，那么撒克逊人的野蛮征服是一种严重的历史倒退。问题是，作为正义本身的上帝，为什么要对不列颠人民施加这样一种灾难？"那个时代的教会作家在看到这些复杂的灾难时感到困惑，他们看到的只是上帝为惩罚一个有罪和不顺从的国家而伸出的手臂。"①但《英国史散论》的描述也仅止于此，它满足于撒克逊人的野蛮征服是一个实然性的事实，这种态度似乎暗示应然性问题不直接属于历史描述的部分。

《英国史散论》的潜在态度很容易令人联想到日后历史主义的基本立场。用赫尔德的话说，"任何想要超越历史的人都不可避免地将不再是一个真正的历史学家"②。他们推论的是人类自身历史的终结，是论证人类理想社会的最终形态。这导致政治历史被描绘为一条通往必然性的道路，人类的任务就是试图实现完美的政治理念。换句话说，历史在它开始之时就已经结束。

《英国史散论》对于偶然性的偏爱也揭示了传统保守主义和今日一种更为意识形态化的保守主义之间的区别。这种意识形态化的保守主义，尤其是新保守主义，更接近抽象理性而不是伯克式的方法。它往往假定存在一个高度完善的盎格鲁-撒克逊法律系统，"每个男人和女人都有被代表性机构统治的权利，每个人都有在独立的

---

①　Edmund Burke，"An Essay towards an Abridgment of the English History"，in *The Writings and Speeches of Edmund Burke*：*Vol. 1*，General Edited by Paul Langford，Oxford：Clarendon Press，1997，p. 388.

②　Johann Gottfried Von Herder，"Older Critical Forestlet"，in *Herder Philosophical Writings*，Translated & Edited by Michael N. Forster，Cambridge：Cambridge University Press，2002，p. 65.

司法制度下接受公正审判的权利”①，这种僵化的历史自满进一步演化为一种文明优越论或者文明普世论的倾向。《英国史散论》早已毫不客气地指出，“实际上，那部古老的宪法和那些撒克逊法律对我们现在的党派来说都是微不足道的”②。

传统保守主义既不是进步主义也不是复古主义的。“尊敬和服从传统并不意味着人们应该完全停止思维。”③无论将英国的自由视为某种理性历史的结果，是人类历史的必然进程，还是将自由视为一种原初神话，一种始终不变的历史目的，两者都将历史视为一种可以被理性解析的目的论系统，它们唯一的区别就是究竟选择向前还是向后。

《英国史散论》的处理方式也引发对于伯克理论一致性的进一步质疑。虽然伯克技术性地将征服和统治拆分为两个环节，但如果历史本质上依赖于一种偶然性，道德很难为自己找到稳固基础。进行一种有道德的统治，依赖于统治者自身品行，抑或被视为一种有利可图的结果。更为糟糕的是，一个良善的统治者完全可能由于各种偶然因素被暴虐的统治者所替代，使人们不可避免地质疑道德统治的必要性。换言之，在反对博林布鲁克的同时，伯克的理论却为

---

① The Rt Hon John Redwood MP, "Edmund Burke and Modern Conservatism", in *Edmund Burke: His Life and Legacy*, Edited by Ian Crowe, Dublin: Four Courts Press, 1997, p. 190.

② Edmund Burke, "An Essay towards an Abridgment of the English History", in *The Writings and Speeches of Edmund Burke: Vol. 1*, General Edited by Paul Langford, Oxford: Clarendon Press, 1997, p. 325.

③ Robert Lacey, *Pragmatic Conservatism*, New York: Palgrave macmillan, 2016, p. 4.

博林布鲁克所描述的糟糕历史打开了大门。

一种潜在的解释认为，伯克的矛盾性是他现实身份的真实投射。一方面，作为一名英国国教徒，他理所当然地享受到了国教带来的特权和好处；这使得他缺乏欲望推翻或者否认这种帝国秩序，承认征服的合理性。另一方面，作为一个爱尔兰人，尤其是与天主教徒关系密切的爱尔兰人，他意识到他的许多爱尔兰同胞根本无法享有他所推崇的英国制度和秩序；这使得他强调道德在统治中的重要性，即统治者在道德上有必要让所有的臣民享有这种秩序的好处。这种解释在一定程度上助长了伯克是既得利益捍卫者的偏见。用潘恩疾世愤俗的话说，"柏（伯）克先生崇拜的是权力而不是原则；在这种邪恶的感情支配下，他是没有资格就权力与原则作出判断的。"①

现实与道德的矛盾是伯克思想挥之不去的问题，也是他没有解决的问题。无论是在《英国史散论》还是在他之后的作品中，伯克缺乏对于这一核心问题的系统性阐释。伯克的现实处境也不可避免地会影响到他的思想立场。问题是，这种解释可能忽视了伯克思想的微妙性。《英国史散论》持有一种比历史主义更温和的立场：它反对抽象理性，但不明确反对历史目的论本身。这主要表现在三个方面。

第一，《英国史散论》不否认存在一种历史规律或者世界秩序。在描述德鲁伊教时，它承认"灵魂不灭的观念的确是古老的、普遍

―――――――――

① ［美］潘恩：《潘恩选集》，马清槐等译，商务印书馆1982年版，第124页。

的，而且在某种程度上是我们本性所固有的"①。考虑到伯克本人对于上帝的信仰，他很有可能在一种常识的意义上相信上帝对于历史秩序的引导和保障。抽象理性所描述的历史目的论是一种僭越，是人类自身狂妄自大的表现。"对伯克来说，未来仍然是不确定的，最终是神秘的。"②认识到人类没有能力预测未来反而是一种真正理性的表现，在这一意义上，承认偶然性等同于承认抽象理性的有限性。

第二，偶然性对于道德也存在积极价值。在现实历史中，偶然性反而为道德提供了更多的可能性。英国式自由与偶然性密切相关：撒克逊的灾难性入侵带来原始的撒克逊式自由，无地王约翰的统治力下降为贵族宣称一种古代权利提供现实基础。英国式的自由是各种政治现实相互妥协的结果。"妥协建立于对过去争端的遗忘和沉默，而不是建立在维护未来安宁的条件之上。"③它充斥着偶然性，甚至是任意性，但正是这种偶然性塑造了今日的英国自由。

第三，道德本身在历史塑造中形成和表现自身。道德不是抽象理念的结果，而是一个在历史中不断改善的过程。"普遍的道德要

---

① Edmund Burke, "An Essay towards an Abridgment of the English History", in *The Writings and Speeches of Edmund Burke*: *Vol. 1*, General Edited by Paul Langford, Oxford: Clarendon Press, 1997, p. 352.

② Francis Canavan, *The Political Reason of Edmund Burke*, Durham: Duke University Press, 1960, p. 186.

③ Edmund Burke, "An Essay towards an Abridgment of the English History", in *The Writings and Speeches of Edmund Burke*: *Vol. 1*, General Edited by Paul Langford, Oxford: Clarendon Press, 1997, p. 507.

求本身是抽象的，只有在具体和特殊的情况下才成为现实。"①一个人是作为特定父母的子女，而不是作为一个抽象的人降生的。他诞生那一刻，就已经处于具体的历史，而非道德真空之中。对这个具体的人而言，道德既不是假定的，也不是抽象的。道德沉浸在他的日常生活之中，沉浸在他的社群意识之中。即便是最残酷的暴君，也会感受到道德对他产生的阻力。

《英国史散论》的态度暗示，正是将道德作为一种形而上学的问题，才会产生不切实际的道德实验思考。"在形而上学中，人们可以通过逻辑推演，从普遍的前提到普遍的结论，从而合理地进行推理。但是，把这种推理方法扩展到一个推理对象在很大程度上是偶然和可变的领域，这是愚蠢和危险的。"②道德的稳固性和变动性同时蕴含在每个人的具体生活中，亦蕴含在历史的不断变化中。

伯克对于现实残酷性和道德重要性的统一也需要建立在这种不彻底的偶然性之上。正是在这一意义上，伯克才有可能强调，现实的残酷性不是我们放弃道德的借口。人类在认识论上无法确认历史的必然性，不代表历史本身不存在必然性。通过削减抽象理性的范围，伯克赋予了历史神秘性。这种神秘性为真正的崇高和自我牺牲提供空间。换言之，正是在人类永远无法通过理性认识历史必然性的情况下，人的尊严和价值才得到真正展现。

---

① Francis Canavan，*Edmund Burke：Prescription and Providence*，Durham：Carolina Academic Press，1987，p. 121.

② Francis Canavan，*The Political Reason of Edmund Burke*，Durham：Duke University Press，1960，p. 47.

《英国史散论》的处理方式显然不完善。比如基于习俗的具体道德与普遍道德是什么关系就是一个未阐明的问题。当晚期伯克试图为印度问题找到一种道德基础时，他试图唤起印度和英国在道德上的共通性。同样地，在承认历史偶然性的同时，法国大革命是不是上帝对于历史又一次不可理解的推动，也是晚期伯克无法摆脱的恐惧。许多问题都潜伏在阴影之中，并在伯克之后的一生中逐渐凸显。

《英国史散论》的描述至少展示伯克对于历史的几个基本认知。第一，制度是一个在历史中不断完善的过程。一方面，今日的英国自由与古老的撒克逊自由存在历史联系；另一方面，这两种自由的区别是如此之大，以至于无法将两者视为同一个东西。至少绝大多数今日的英国人不会直接接受那种原始又野蛮的撒克逊自由。第二，改善的过程更多受制于具体的事态而非抽象的理念规划，偶然性在其中扮演了重要的作用。例如《大宪章》地位最终来自现实的博弈和妥协，而非后来者所追封的自由神话。第三，改善的方式应该尽可能与原有方式相融合，通过将不同的道德习俗相互调和，最终促进一种文化上的融合和统治上的稳定。

在之后的政治生涯中，伯克始终没有脱离这些基本认知，尤其是前两条认知。政治需要改善，但改善不可能一蹴而就，这最终表现为一种政治的渐进主义立场。伯克在绝大部分场合，既反对激进和彻底的变革，也反对在危机中无动于衷。正如他在1780年的经济改革所说的那样："我改革思想的很大一部分是要循序渐进；有些好处会在更近的时候出现，有些则会在更遥远的时期出现。"①

　　最大的例外反而是他对法国革命毫不妥协的态度。一个潜在的解释是强调伯克将改革与革命都作为一种纯粹的方法进行对待，更多的细节将放在后续的章节进行讨论。不过，踏入政治之前和之后的伯克持有一种相似的历史观，这种一致性暗示他可能没有如同许多他的攻击者们所认为的那样分裂。

　　颇具讽刺性地说，对于绝大多数伯克的研究者而言，比起《英国史散论》对历史的考察是否准确，他们更关心《英国史散论》在伯克思想中产生了何种影响。这可能是将伯克学术化之后一种难以避免的倾向。不过，至少我们可以承认，在正式进入政治之前，伯克的早期作品保持了基本目标上的一致性。这既体现在对于抽象理性的全面反对上，也体现在对现实和道德的重视上。一种真正的政治需要始终将目光聚集在具体的事态上。"历史学家往往更喜欢体系而不是真相，他们喜欢把历史事件的丰富性和复杂性简化成公式；但政治智慧不能以这种方式出现。"②

　　伯克的问题没有到此为止。解释"历史是什么"，只是无穷问题锁链的第一步。他接下来一定会面临"为什么历史是这样"的诘问，或者说"为什么可以这样描述历史"。这个问题最终在思想和权力的斗争中演化为一个问题，即"究竟谁能够解释历史"。

————————

① Edmund Burke，"Speech on Economical Reform"，in *The Writings and Speeches of Edmund Burke*：*Vol. 2*，General Edited by Paul Langford，Oxford：Clarendon Press，1996，p. 493.

② Charies Parkin，*The Moral Basis of Burke's Political Theory*，New York：Russell & Russell，1968，p. 121.

第三章　议会中的伯克

　　早期伯克的思想存在一些内在冲突，但他的态度一直是明确的。在绝大多数场合下，他明确表达了对抽象理性方法的厌恶和对历史现实的偏爱。"伯克以历史为基础对待政府的另一个结果是他对社会契约和革命理论的敌意。"①《美与崇高》潜在的无政府主义可能性，不足以代表伯克本人支持这种立场，不过这些问题和影响对早期伯克而言可能没有清晰化。"伯克仅仅宣布了他对抽象推理的典型怀疑：他还没有选择将其应用于任何特定的政治问题。"②《英国史散论》展现了一种对爱尔兰更为积极的态度，但它的直接目标是对英国历史进行一般性的描述。

　　进入议会后的伯克，选择了另一种写作方式。他几乎只针对特定的政治问题进行写作和演讲，他的发言更与他作为辉格党发言人

---

　　①　Frederick Whelan, *Edmund Burke and India Political Morality and Empire*, Pittsburgh: University of Pittsburgh Press, 1996, p. 89.

　　②　Frank O'Gorman, *Edmund Burke: His Political Philosophy*. London & New York: Routledge, 2014, p. 17.

的身份掺杂在一起。"作为一名国会议员，伯克接触到了主导这个时代的各种问题。他的议程不是由他的知识热情决定的，而是由不断变化的事件的命运决定的。"①这使得许多人，特别是伯克的敌人，质疑他是一个无原则的投机主义者。伯克对待法国大革命的态度让这一问题变得更为棘手。"虽然伯克长期以来一直受到罗金汉姆和其他辉格党大人物的资助，但事实上，直到 1795 年 7 月，他才收到来自王室的资助。即便如此，潘恩诋毁伯克个人的活动还是产生了一定的效果，而关于伯克只是国王的雇佣者的指控从革命争论的一开始就广为流传。"②

　　研究伯克早期思想的价值之一，在于它给我们提供一个进入政治世界之前的伯克。通过对于两个伯克的比较，我们更有可能回答伯克思想是否具有内在一致性的问题。也只有立足在早期伯克思想的基础上，我们才能更好地把握伯克与辉格党之间的复杂关系。从本章开始，我们很难再将对伯克的讨论限制在某部作品或某个时间段中。从 1765 年加入下议院再到 1794 年辞去职务，议会生涯横跨了伯克的大半生。本章试图指出，正是在对于辉格党的构建和反思之中，伯克完成了他漫长政治思想逻辑的最终一环，即谁能够解释一切，谁又能够决定一切。

---

　　①　Richard Bourke，*Empire and Revolution：The Political Life of Edmund Burke*，Princeton & Oxford：Princeton University Press，2015，p. 4.
　　②　Jesse Norman，*Edmund Burke The First Conservative*，New York：Basic Books，2013，p. 179.

第一节　辉格党与政党政治

对于刚刚结婚生子的伯克而言，他的人生有些迷茫。由于抛弃了父亲所选定的律师道路，伯克父子间的关系很难用融洽来形容。伯克对于政治功业的渴望，比如出任英国驻西班牙的外交官，都由于种种原因归于失败。他甚至一度怀有去新大陆冒险的想法。伯克的行为轨迹显示，不仅在思想上，甚至在实践上，他都无法接受一种书斋式的生活。他敌视"形上学家的空想"，并将其视为一种脱离现实的智力游戏。正如他晚年所说的那样，这些形而上学家始终只有抽象的理念，"他们的人性始终都在地平线上"①。即便在比较积极的意义上，他也将抽象理论评价为一种高尚而又没有现实可行性的理论，并倾向于认为需要用自己的才华为现实提供一些更具体的助益。

1759 年，当被介绍给汉密尔顿议员时，伯克迅速抓住机会。在他成为汉密尔顿私人秘书的头两年，两者之间的关系十分融洽。当1761 年，汉密尔顿被任命为爱尔兰首席秘书时，伯克也作为私人秘书回到都柏林。可想而知，汉密尔顿会期望利用伯克本地人的身份，掌握更多情况。可汉密尔顿对伯克的日益倚重却令伯克感到窒息，这意味对于伯克时间越来越多的占用。在没有获得期望的回报

---

① Edmund Burke，"Letter to a Nobel Lord"，in *The Writings and Speeches of Edmund Burke*：*Vol. 9*，General Edited by Paul Langford，Oxford：Clarendon Press，1991，p. 177.

之后，伯克将这种占用视为压榨。"他觉得，一个人通过庇护的方式压迫另一个人，就像一个国家被另一个国家占领一样。"①

伯克与汉密尔顿的关系最终在 1765 年走向决裂。他在给朋友的信中写道，"我和汉密尔顿之间存在着一种永恒的决裂，对我来说，这既不是我自找的，也不是我挑起的。"②脱离汉密尔顿之后，伯克很快再次找到机会。这次他成了当时辉格党重要领袖之一罗金汉姆侯爵（the Marquess of Rockingham）的私人秘书。两者究竟如何相遇，今日已经难以复原。幸运的是，这一次他收获了一份直到终身的友谊，这份因缘也开启了伯克对于辉格党的构建和论述。

罗金汉姆时代的辉格党处于一个十分尴尬的位置。一方面，他们宣称自己是光荣革命的直接继承者，是维护英国秩序的关键集团；另一方面，随着时间的推移，光荣革命也早已化为一种历史记忆，难以对现实的政治利益产生刺激。"革命中延续下来的家族，或早或晚都不可避免地转变成寡头政治集团，詹姆斯党早已分崩离析，无法构成威胁。"③乔治三世的登基进一步恶化了辉格党的处境。虽然将自己定位为英国宪政的维护者，不过作为一名试图有所

---

① David Bromwich, *The Intellectual Life of Edmund Burke*, London & Cambridge: The Belknap Press of Harvard University Press, 2014, p. 109.

② Edmund Burke, "EDMUND BURKE, ESQ., TO HENRY FLOOD, ESQ. ＊May 18, 1765", in *Correspondence of The Right Honourable Edmund Burke: Vol. 1*, Edited by charles william, earl Fitzwilliam, London: FRANCIS & JOHN KIVINGTON, ST. Paul's chuuch yaed, & Waterloo place, 1844, p. 76.

③ ［英］约翰·莫雷：《埃德蒙·伯克评传》，刘戎译，上海社科院出版社 2018 年版，第 3 页。

作为的君主，他在客观上加强了王室的权力。

罗金汉姆将乔治三世对其本人的不友好举动视为对辉格党遗产的威胁。在一系列谈判和冲突之后，罗金汉姆决定辞职抗议。乔治三世无视了这种抗议，在布特勋爵之后，他又任命缺乏议会支持的格伦威尔（Grenville）担任首相，这使罗金汉姆恼火于国王的举动。"政客们在某些方面反对国王的理由当然是自私的（不管有什么更高的动机混合在一起），但在他们看来，这些理由几乎不需要辩解。"①在罗金汉姆这样的辉格党人看来，他们，而不是国王，才是光荣革命之后政治秩序的主宰者。

直到 1765 年，在乔治三世的不情愿之中，罗金汉姆被选举为新的首相。也正是在这一时期，伯克成为他的私人秘书。罗金汉姆非常赏识伯克的观点，迅速将其视为自己的政治顾问和发言人。为了让伯克能够更好代表辉格党表达政治观点，他帮助伯克获得了一个口袋选区的议员资格。对于伯克而言，这无疑是他一直追寻的荣光时刻。他终于有机会真正踏入英国政治的中枢，获得施展自己政治才华的空间。从这一刻起，"他作为一个独特个人表现的文学生涯，似乎已经结束了。相反，他将作为一个党派的代言人崭露头角"②。

成为党派发言人的伯克很快面临一个非常棘手的问题，即重构辉格党的整体论述。伯克对于辉格党的构建是以现实的政治动机作

---

① David Bromwich, *The Intellectual Life of Edmund Burke*, London & Cambridge: The Belknap Press of Harvard University Press, 2014, p. 115.

② Ibid., p. 112.

为直接出发点，他理论的现实意义就在于将罗金汉姆辉格党人的行为和目标合理化。"伯克在宣传他的党派思想时至少还有一个动机：他希望这些思想对罗金汉姆派的影响能加强其凝聚力。"①罗金汉姆辉格党人的基本特征在于，他们宣称自己是光荣革命的继承者，又拒绝无原则的党派结盟。他们强调自己以某种有原则的方式寻求权力。更明确地说，"对于伯克和他的罗金汉姆党朋友来说，在议会中的原则立场并不意味着超越利益或抵制公职的诱惑"②。

政治现实的要求塑造了伯克理论构建的重点。一方面，他需要明确回答什么是辉格党这一问题。自从 1717—1720 年大分裂以来，辉格党被分裂为由多名领袖领导的议会团体，这些团体都宣称自己是辉格党人。比如罗金汉姆之前的首相格伦威尔也认为自己是辉格党人。"在伯克看来，罗金汉姆派的目标是建立一个有原则的政党。"③通过对于辉格党的明确定义，他们才能确立自己的原则，并宣称自己才是辉格党的正统继承人。

另一方面，伯克需要解释党派行动的合理性。与今日成熟的两党制国家不同，虽然伯克时代的英国存在着辉格党和托利党这两个派别，并且在关于王权和国教的问题上有一些集体的偏好差异，但他们没有形成一种严格的政党意识。在政治实践上，国王经常会同时挑选辉格党人和托利党人共同组成内阁。无论出于何种动机，罗

---

① Frank O'Gorman, *Edmund Burke：His Political Philosophy*, London & New York：Routledge，2014，p. 28.

② Richard Bourke, *Empire and Revolution：The Political Life of Edmund Burke*, Princeton & Oxford：Princeton University Press，2015，p. 225.

③ Ibid.，p. 244.

金汉姆讨厌这种做法，反对议会派别充满机会主义性质的临时联盟。这增加了罗金汉姆辉格党人进行统治的难度，也被其他派别斥责为一种不负责任且缺乏爱国心的举动，以至于有人不无揣测地怀疑，这是否更多来源于乔治三世和罗金汉姆本人的紧张关系？伯克必须辩护，为什么罗金汉姆辉格党人的行为是合理的。

在第一个问题上，伯克继承了辉格党人作为光荣革命继承者的叙述。用晚期伯克的话说，"一个政党很少有机会在像革命这样的重大宪政事件中，对自己的政治信条进行明确、真实、有记录的声明。辉格党有这样的机会，或者说，更恰当地说，他们创造了这样的机会"①。伯克进一步将辉格党人特化为英国政治制度，特别是光荣革命之后政治制度的捍卫者。辉格党的任务就是在国王、议会和民众之间保持平衡，维护政治体制的正常运作。议会在国家政治中扮演极为重要的角色。"议会是所有政治活动的重要目标，是政治活动的终极目标，也是政治活动的工具。"②

伯克对辉格党的再阐释为罗金汉姆辉格党人的不合作提供了一个强有力的辩护立场：他们的不合作不仅没有破坏国家，反而是在维护英国政治制度。在《论当前不满的原因》（*Thoughts on the Present Discontents*，1770）中，伯克就将不合作的责任推卸到所谓

---

① Edmund Burke，"Appeal from the New to the Old Whigs"，in *The Writings and Speeches of Edmund Burke*：*Vol. 4*，General Edited by Paul Langford，Oxford：Clarendon Press，2015，p. 409.

② Edmund Burke，"Thoughts on the Present Discontents"，in *The Writings and Speeches of Edmund Burke*：*Vol. 2*，General Edited by Paul Langford，Oxford：Clarendon Press，1981，p. 291.

的"宫廷党人"身上。他们试图利用自己靠近国王的优势，不断扩展自己的权力。"为了便于执行他们的计划，有必要对政治安排作出许多改变，并对当时在公共场合活动的大部分人的意见、习惯和关系作出明显的改变。"①作为一个有原则的政党，罗金汉姆辉格党不但应当拒绝与这个派系合作，并且应当毫不犹豫地与这个派系斗争。这也突出了伯克在《英国史散论》中没有明确的信念：在征服和短期统治中应然问题可以被弱化，但正当性对于长期统治则至关重要。

伯克对于"宫廷党人"的攻击可能带有强烈的政治偏见。"历史学家们不再相信'国王之友'的神话，也不再重视'宫廷阴谋论'。"②不过伯克的基本框架为罗金汉姆辉格党人的行为提供了正当性支撑，在这一基础上，他得以进一步讨论党派问题本身。

对于党派的指责主要可以归纳为两个问题。一个问题是党派限制了成员真实意见的表达。无论一个人与党派在原则上多么一致，他都有可能在任何具体的政治议题上产生相反的意见。颇具讽刺性地看，彻底的投机主义者才更有可能在每次投票中与派系保持一致。另一个问题是党派的泛滥往往会导致结党营私和党同伐异，使大臣的选任以他们的党派而非才能为标准。

从古典时代开始，恶性党争的结果在历史上比比皆是。伯克的

---

① Edmund Burke，"Thoughts on the Present Discontents"，in *The Writings and Speeches of Edmund Burke*：*Vol. 2*，General Edited by Paul Langford，Oxford：Clarendon Press，1981，p. 263.

② Frank O'Gorman，*Edmund Burke*：*His Political Philosophy*. London & New York：Routledge，2014，p. 30.

辩护建立在对问题的承认之上：党派本身是不完美的，但这并不意味着消除党派能产生更积极的结果。"坚持认为每一种选择都会带来不便，而不考虑这些不便所造成的不同影响和后果，这是一种常被人使用的谬论，他们认为一切都是平等的，是非不分的。"①

伯克以布特勋爵的内阁为例指出，"不管是谁，只要成为一个由孤立的个人组成的政府的一员，没有信仰的承诺、纽带或共同的原则；一个政府在宪法上是无能为力的，因为它没有得到国家任何一方的支持"②，这也在一定程度上可以解释为何布特勋爵的内阁是短暂且不稳定的。伯克从博弈的角度进一步加强了自己的说法。即便君子出于自己高尚的情操反对结党，但小人依旧会为了自己的利益结党营私。"当坏人结合在一起时，好人必须联合；否则，他们将一个接一个地沦为可鄙斗争中无情的牺牲品。"③伯克提醒我们，"惩罚，一直以来都是滞后和不确定的；当权力落入坏人之手时，可能会碰巧落在受害者而不是罪犯身上"④。换言之，禁止结党不但无助于政治的完善，反而会导致制度的败坏；制度败坏的结果在现实和道德上都难以令人接受。

党派政治至少具有两个相对的优势。从消极的方面看，议会可以通过弹劾等方式限制党派政治的负面影响。更为重要的是，从

---

① Edmund Burke，"Thoughts on the Present Discontents"，in *The Writings and Speeches of Edmund Burke*：*Vol. 2*，General Edited by Paul Langford，Oxford：Clarendon Press，1981，p. 281.

② Ibid.，p. 276.

③ Ibid.，p. 315.

④ Ibid.，p. 279.

积极的方面看，党派精神可以孕育政治友谊。党派为一群志同道合的人提供了一个坚定的同盟。"当人们被联系在一起时，他们可以轻松而迅速地传达任何邪恶计划的警报。他们能够通过共同的意见来了解它，并以团结的力量来反对它。"①在共同信念和长期的相互协作之下，党派成员可以诞生出一种基于信念而非单纯利益的友谊。

友谊的重要意义就在于它能够帮助个体克服对于自身利益的过分偏爱。"一个人在日常生活的交往中，如果表现出对别人的关心，那么当他在公众场合行动的时候，他很可能会考虑到他自己以外的利益。"②伯克似乎暗示，真正的政治德行无法单纯通过个体完成，它只能孕育在具有共同信念的团体之中。"伯克采用了亚里士多德的立场，人的最高实现在于个人自发的自我表达与他对自己在同伴群体中的地位的道德认知之间最完整的结合。"③

党派精神在政治实践中的最终结果就是一致性投票。由于党派成员以共同的理念结合在一起，他们在大多数问题上的观点应该是一致的。当少部分议员与党派的意志不一致时，他们需要为了共同的理念克服或者忍受这种不一致。"如果一个人在选择他的政治伙伴时，十次中至少有九次不同意这些原则，那他一定是特别不幸

---

① Edmund Burke, "Thoughts on the Present Discontents", in *The Writings and Speeches of Edmund Burke*: *Vol. 2*, General Edited by Paul Langford, Oxford: Clarendon Press, 1981, p. 314.

② Ibid., p. 316.

③ Charles Parkin, *The Moral Basis of Burke's Political Thought*, New York: Russell & Russell, 1956, p. 22.

的。如果他不同意这些建立党的基本原则，而且这些原则在应用时必然会引起一致，他就应该从一开始就选择其他更符合他的意见的原则。"①

伯克的政党理论在形式上是粗糙和原始的。比如在弹劾问题上，伯克似乎没有考虑到在缺乏党派支持的情况下弹劾成功的可能性。没有什么比晚年伯克对黑斯廷斯的弹劾更能说明这一残酷的现实，在丧失自己党派的强力支持和小皮特政府对弹劾兴趣的削弱之后，伯克的弹劾变成了一件孤立且缺乏分量的工作。"他感到被他的朋友和支持者所背叛，被下议院的态度所否认，被公众对审判日益增长的厌倦所震惊"②，弹劾也以失败而告终。

理论的缺陷可能与时代密切相关。在一个没有政党政治的时代，伯克缺乏足够的经验材料塑造成熟的理论。他的构建是一种探索性的尝试。更重要的是，伯克可能从一开始就没有构建成熟政党理论的想法。"事实上，我们应该避免贸然下结论说伯克是按照政党制度来思考的。他认为政党是暂时的权宜之计，是在静止的政治体系中解决问题的一种手段。"③《英国史散论》的立场已经暗示，个体理性不能够掌握历史的必然性；反过来看，这意味人类只能永

---

① Edmund Burke, "Thoughts on the Present Discontents", in *The Writings and Speeches of Edmund Burke*: *Vol. 2*, General Edited by Paul Langford, Oxford: Clarendon Press, 1981, p. 319.

② Richard Bourke, *Empire and Revolution*: *The Political Life of Edmund Burke*, Princeton & Oxford: Princeton University Press, 2015, p. 830.

③ Frank O'Gorman, *Edmund Burke*: *His Political Philosophy*. London & New York: Routledge, 2014, p. 33.

远针对和处理各种暂时性问题。从这一点看，部分保守派可能过于夸大伯克对未来两党制的洞见。

伯克本人也强调政治方案的特殊性。"每个时代都有自己的方式，其政治手段也取决于这些。"①伯克对于具体动机的关注，不代表他的政治理论没有超出历史研究的价值。"从本质上说，这是第一次清楚地揭示了西方民主国家现在理所当然地认为政党的作用是什么，是为了国家利益而组织起来的。"②伯克的理论也帮助罗金汉姆辉格党在长期处于反对派的情况下成为一个强大的议会派系。

最值得关注的是，伯克的动机虽然是高度党派性的，但他的理论依旧没有脱离早期伯克的基本目标，即实现现实和道德在政治上的共融。为了达成这一目标，伯克试图在政治现实博弈的基础上，将政治行为浪漫化。作为一个深度的政治参与者，伯克对其中暴露的人性缺点不可能没有了解；罗金汉姆辉格党人也绝不会如同他所描述地如此美好和团结。伯克意识到政治需要美化。"现实生活中的政治戏剧就像舞台上的任何戏剧一样，取决于演员的风格和风度。政治家不应该简单地在谈判和政策制定的肮脏细节上做文章；他的性格必须令人信服，足以承受国家的命运。政治表演不仅仅是履行一种功能，而是象征着现场所有观众的所有激情和情感、希望

---

①　Edmund Burke, "Thoughts on the Present Discontents", in *The Writings and Speeches of Edmund Burke*：*Vol. 2*, General Edited by Paul Langford, Oxford：Clarendon Press, 1981, p. 258.

②　Russell Kirk, *Edmund Burke*：*A Genius Reconsidered*, Peru：Sherwood Sugden & Company, Publishers, 1988, p. 79.

和愿望。"①

伯克无意开创美学本体论，但他不可避免地注意到政治也需要审美。浪漫化或者美化本身可以有效刺激政治家的荣誉感和责任感，特别是对于罗金汉姆这样由贵族构成的党派来说，没有什么比荣誉和责任更能激起他们对于政治信念的支持。在一个更大的层面上，政治的浪漫化，暗示政治世界不可能达到抽象理性所设想的绝对清晰状态。"世界仍然不可预测，但类似的事件确实倾向于以熟悉的模式重复发生。"②人类只有反复回到历史，才能为现实和道德找到共融的基础。

伯克的一生总是呈现出现实对于理论的讽刺性。他的政党理论在帮助罗金汉姆辉格党人成为强大议会派系的同时，也最终摧毁了他们。由于与时任罗金汉姆辉格党人领袖福克斯（同时也是自己多年的政治盟友和崇拜者）在法国大革命问题上的理念分歧，伯克与福克斯最终决裂，引发罗金汉姆辉格党人的分裂和衰弱。他充满悲哀地指出："必须记住，尽管福克斯先生试图将伯克先生的观点定义为一种不合理变化，以及将一套准则教给一个男孩的肮脏罪行；后来当这些准则在男孩成年之后根深蒂固时，他又同时抛弃了他的追随者和学说。"③

---

① Paul Hindson & Tim Gray, *Burke's Dramatic Theory of Politics*, Aldershot & Brookfield USA & Hong Kong & Singapore & Sydney: Avebury, 1988, p. 175.

② Ibid., p. 177.

③ Edmund Burke, "Appeal from the New to the Old Whigs", in *The Writings and Speeches of Edmund Burke*: Vol. 4, General Edited by Paul Langford, Oxford: Clarendon Press, 2015, p. 389.

第二节　制度与改革

伯克与福克斯的分裂，对于辉格党是一种难以避免的损失。许多自由派往往倾向于贬低伯克对辉格党的影响力。他们指出，罗金汉姆辉格党本质上是一个贵族党，相当多的实际权力掌握在贵族领袖手中。无论如何美化伯克与领袖们的关系，这本质上是一种庇护关系。即便在短暂的执政时期，伯克也没有担任过内阁的核心职位。"伯克是在附和罗金汉姆的观点，而不是鼓励他们。从真正意义上说，埃德蒙·伯克是他的主人的声音。"[①]

伯克缺乏实际的政治资源是客观事实，但这种观点往往忽视了伯克长期作为罗金汉姆辉格党人的大脑所带来的影响力，否则这很难解释 1791 年当伯克越过下议院地板与小皮特坐在一起时所引起的轰动效应。伯克已经不再是单纯的大脑，"伯克成了反对革命的辉格党少数派的非正式领导，而福克斯和谢里丹——他一生的政治朋友——则领导着辉格党多数派"[②]。随着英法关系的恶化，在短短八年时间里，福克斯派直接从 90 人的规模萎缩为一个只有 20 多人的小团体。

决裂后福克斯派对伯克的猛烈抨击更是说明了这一点。他们强

---

① Frank O'Gorman, *Edmund Burke*：*His Political Philosophy*. London & New York：Routledge，2014，p. 25.

② Peter Stanlis, *Edmund Burke and The Natural Law*，New Brunswick and London：Transaction Publishers，2003，p. 70.

调，只有在背叛自己思想的情况下，一个在几十年里始终强调议会权力和尊重自由的人才会发生彻底的转向。"巴克尔不无惋惜地解释道，1790 年的伯克疯了。"①对伯克不一致的攻击，很快从法国革命转移到国内问题上，尤其是前后期伯克在改革问题的变化上。

伯克在 1780 年对经济改革与 1785 年对议会改革的态度差异就是一个典型的例子。在经济改革中，他展现出典型锐意进取的形象。他以一种讽刺性的方式指出政府滥用支出的程度。"在我们的机构里，我们经常看到一间办公室，每年有一百镑的开支，还有另一间办公室，同样的开支，用来反对那间办公室，而整个办公室压根不值二十先令。"②政府需要根据实际情况的变化，调整裁撤自己的政府部门。"当旧制度存在的理由消失时，只保留它们的负担是荒谬的。"③

伯克在议会改革中的立场却十分保守。伯克承认口袋选区存在问题，但这不意味必须改变议会的政治结构。"因为国家不仅仅是一个局部范围的概念，一个个体瞬间的集合，而是一个连续性的概念，它在时间、数量和空间上都延伸。这不是某一天的选择，也不是某一群人的选择，不是多种多样、眼花缭乱的选择；这是各年龄段、各代人经过深思熟虑的选举"④，因为一时的不变改变政治结

---

① Russell Kirk，*The Conservative Mind from Burke to Eliot*，Washington D. C.：Regnery Publishing，Inc.，2001，p. 13.

② Edmund Burke，"Speech on Economical Reform"，in *The Writings and Speeches of Edmund Burke：Vol. 3*，General Edited by Paul Langford，Oxford：Clarendon Press，1996，p. 513.

③ Ibid.，p. 510.

④ Edmund Burke，"Parliamentary Reforms"，in *The Writings and Speeches of Edmund Burke：Vol. 4*，General Edited by Paul Langford，Oxford：Clarendon Press，2015，p. 219.

构是一种不负责任的举动。

伯克的反对者试图指出，如果不是一个彻底的投机主义者，那么伯克在改革问题上的变化应是他日益背叛自身思想的表现。他对口袋选区的反对也与自己出身口袋选区密切相关。经过数十年的议会浸润，伯克从一个锐意进取的改革者变成了既得利益的维护者。

面对众多不一致的指责，伯克不得不为自己的立场进行辩护。第一，伯克承认人存在偶尔的不一致，但这不等于放弃原则。完全一致的人不存在于现实之中。即便不讨论人在漫长生命中可能产生的思想变化，具体语境亦会对语句的理解产生误差。要求人在一生中保持一致，尤其是一种数学上的一致，是一种典型抽象理性的讨论方式。"这种从你已经按照某条路线做了任何事情，到做每一件事情的必要性的论证方式，除了逻辑上的谬误外，还有其他的政治后果。"①

第二，伯克质疑福克斯派指责的动机。在 1770 年讨论缩短议会任期的问题中，他就强调，"重要的不是制度的形式，而是制度的道德和效率方面"②。随意缩短任期是一种抽象理论的逻辑结果，它缺乏对实际情况的考察。"就前者而言，也许它更可能起到反作用，而不是促进它所提出的目标。"③

---

① Edmund Burke，"Appeal from the New to the Old Whigs"，in *The Writings and Speeches of Edmund Burke*：*Vol. 4*，General Edited by Paul Langford，Oxford：Clarendon Press，2015，p. 399.

② Charles Parkin，*The Moral Basis of Burke's Political Thought*，New York：Russell & Russell，1956，p. 52.

③ Edmund Burke，"Thoughts on the Present Discontents"，in *The Writings and Speeches of Edmund Burke*：*Vol. 2*，General Edited by Paul Langford，Oxford：Clarendon Press，1981，p. 308.

　　伯克强调他对议会改革的慎重态度早已有之,也为福克斯派所知晓。"然而,这些朋友在他的好日子里,当他们对他的服务有更多的希望,对他的损失有更多的担心时,从来没有选择在他支持自由的行为和表达与他对这些问题的投票之间找到任何不一致的地方。"①如果福克斯派认为伯克在议会改革问题上背叛辉格党,为何他们直到法国革命之后才对这一点进行谴责。这只能说明他们的攻击是更多出于党派动机,而非对原则的坚持。

　　第三,也是最重要的一点,在具体改革上的不同立场,恰恰体现伯克对于英国政治制度始终的坚持。伯克采用了一个巧妙的比喻说明他的立场:"从事物的本质来看,处于圆心的人与从圆周的任何部分看他们的人应该是直接对立的。然而,他仍然会留在那个中间点,尽管他可能会听到那些自己跑到奥罗拉和恒河之外的人喊道,他是在西方的极端。"②那些认为伯克背叛自己的人,才是真正的极端分子。伯克始终忠诚于他所塑造的罗金汉姆辉格党理念,是福克斯派受到抽象理性的诱惑背叛了原有的理念。

　　伯克的改革观与他在《英国史散论》中的态度非常相似。《大宪章》不是为了创造新的权利,而是恢复过去的权利,保证贵族和国王的平衡。这种核心认知上的区别才是伯克和洛克本质上的差异。两者都尊重自由,也承认议会权力的重要性,强调光荣革命的

---

　　①　Edmund Burke, "Appeal from the New to the Old Whigs", in *The Writings and Speeches of Edmund Burke*: Vol. 4, General Edited by Paul Langford, Oxford: Clarendon Press, 2015, p. 393.

　　②　Ibid., p. 402.

积极作用。但对于洛克而言，国家被认为是"人所建立的一种为了固化、保存和增强他们公民兴趣（civil interests）的社会"①。改革是为了实现抽象理性所构建的理论目标。这种改革必然会损害伯克试图维护的英国政治体制，最终危及现实和道德的平衡。福克斯派的很多改革就是建立在对于抽象理性的狂热信任之上。他们早已忘记，无论是改革还是革命，"它是国家的一种极端药物，是对事物稳定秩序的暂时取代"②，肆意的变革将对政治制度的脆弱平衡产生难以预料的影响。

伯克也将维护英国政治制度这一标准运用到他对于国外问题的处理上。在美洲的税制改革上，他指出殖民地是以经济利益为基础，对美洲强加税负的行为不符合建立殖民地时的目标。"这类税收违反了殖民地赖以建立的基本商业原则，与所有的政治公平观念相反；我们受平等的约束，尽可能地将英国宪法的精神和利益扩展到英国领土的每一个部分。"③在印度改革的问题上，伯克认为黑斯廷斯的权力集中举动让东印度公司变为某种政治和经济的"双头蛇"，这种情况导致黑斯廷斯成为印度事实上的独裁者。他在《福克斯的印度法案》中分析道："《大宪章》是一部限制权力、摧毁垄

①　John Locke, *A letter Concerning Toleration and Other Writings*, Edited by Mark Goldie, Indianapolis: Liberty Fund, 2010, p. 12.

②　Charles Parkin, *The Moral Basis of Burke's Political Thought*, New York: Russell & Russell, 1956, p. 28.

③　Edmund Burke, "American Taxation", in *The Writings and Speeches of Edmund Burke: Vol. 2*, General Edited by Paul Langford, Oxford: Clarendon Press, 1981, p. 439.

断的宪章。东印度的宪章是建立垄断、创造权力的宪章。"①对于任何海外领土权益的变动，也不是为了创新，而是维护英国政治制度的运作。

随着对于伯克立场的深入挖掘，我们发现始终难以绕过他维护英国政治制度这一基本立场。我们不得不问，究竟什么是伯克所认为的英国政治制度。令人遗憾的是，与议会时期其他的问题一样，伯克没有作出系统性的回应和论述，我们只能从他在各个问题的论述中勾勒出大概的样貌。

伯克对于今日英国政治制度的基本态度与《英国史散论》存在明显的相似性。"在那里，政府的基础不是建立在想象中的人的权利上（充其量是把司法原则和民事原则混淆了），而是建立在政治上的权宜之计和人性上。"②一方面，政治不是抽象理性规划的结果，"人不是天使，一个人间天堂是不可能被形而上学的狂热者设计出来的"③。抽象理性的狂妄自大超出了它的合适界限。另一方面，人类认识能力的有限性代表我们需要接受政治中的偶然性，接受习俗、惯例等一系列充满特殊性的成分。这塑造了英国政治制度的三个特点。

---

① Edmund Burke, "Fox's India Bill", in *The Writings and Speeches of Edmund Burke: Vol. 5*, General Edited by Paul Langford, Oxford: Clarendon Press, 1981, p. 384.

② Edmund Burke, "Appeal from the New to the Old Whigs", in *The Writings and Speeches of Edmund Burke: Vol. 4*, General Edited by Paul Langford, Oxford: Clarendon Press, 2015, p. 470.

③ Russell Kirk, *The Conservative Mind From Burke to Eliot*, Washington D. C.: Regnery Publishing, Inc., 2001, p. xv.

首先，并且最重要的是，混合性。《英国史散论》已经指出，《大宪章》本质上是贵族与国王妥协博弈的结果。英国的政治制度是在不同利益团体反复的博弈和妥协中形成的。今日的英国政治制度受到光荣革命的影响，突出表现在贵族、民众和国王三者利益的动态平衡之上。"英国宪政应该由三名成员组成，这三名成员的性质各不相同，而英国宪政也确实是由这三名成员组成的，而且英国宪政认为有责任保护每一名成员在其适当的位置上，并以其适当的权力比例，必须（因为每一名成员可能会受到攻击）根据属于他们特有的几项原则来维护这三部分。"①

其次，变动性。伯克再次重申《英国史散论》中的观点，即英国政治制度绝非一成不变的复古之物。英国政治制度深深根植于英国人的经验之中。"伯克采用了一种实用性的方法，即从具体经验中派生出临时原则。"②临时原则有利于寻找不同利益群体的最大公约数。"权宜之计是对社会和其中的每个人都有益的。"③反过来说，当社会和利益群体发生变化时，政治制度也有必要随之进行一定的修正。它不应该将自己陷入某种僵化的框架之中，成为动态平衡的威胁因素。"对政府的角色和形式做出任何绝对的断言都是不明智

---

① Edmund Burke，"Appeal from the New to the Old Whigs"，in *The Writings and Speeches of Edmund Burke*：*Vol. 4*，General Edited by Paul Langford，Oxford：Clarendon Press，2015，p. 391.

② Robert Lacey，*Pragmatic Conservatism*，New York：Palgrave Macmillan，2016，p. 57.

③ Edmund Burke，"Parliamentary Reforms"，in *The Writings and Speeches of Edmund Burke*：*Vol. 4*，General Edited by Paul Langford，Oxford：Clarendon Press，2015，p. 221.

的，因为这种断言是基于抽象的理论，可能与经验现实不符。"①

最后，易碎性。由于缺乏抽象理性的清晰性，英国政治制度的相对稳定性依赖于不同团体的妥协和自我克制，这极度依赖于不同团体的共识和耐受性。轻易损害共识，特别是核心共识，将引发英国政治制度的剧烈变动，甚至解体。伯克再次通过自己的修辞技巧描绘出英国政治制度的这种特点。他写道："我们的政治制度是建立在一种良好的平衡之上的，被峭壁陡峭环绕，四周皆为深不可测的水面。如果我们把它从危险倾向的一边移开，那么在另一边亦可能会有颠覆它的危险。"②

英国政治制度的三个特点构成伯克改革观真正的一致性。无论是早期对于议会权力的支持，还是晚期对于王权的维护，伯克的目的都是为了保护制度的动态平衡。1770年的问题和1790年的问题截然不同。在18世纪70年代，乔治三世权力的扩张是对英国政治制度的最大威胁。王权的肆意扩张，将重新导入一种君主暴政的可能性。到了法国大革命之后，共和派的激进革命则成了更严重的威胁。这场革命已经不再是扭曲平衡，而是彻底摧毁平衡本身。"这个虚构的多数派编造了一部宪法"③，意图完全摧毁英国政治制度的基石。在客观形势的重大变化下，强行寻求同一个答案反而是一

---

① Robert Lacey, *Pragmatic Conservatism*, New York：Palgrave Macmillan, 2016，p. 6.

② Edmund Burke, "Thoughts on the Present Discontents", in *The Writings and Speeches of Edmund Burke*：*Vol. 2*, General Edited by Paul Langford, Oxford：Clarendon Press, 1981，p. 311.

③ Ibid., p. 376.

件荒谬的事情。

英国政治制度的特点成了伯克渐进式改革观的基础。作为一种相对温和的力量，改革自身也存在破坏性。"宗教改革，这一人类发展最伟大的时期之一，亦是一个充满麻烦和混乱的时期。"①任何今日的变动都可能会引发巨大的蝴蝶效应，因此政治改革是一件比起实验室实验更加需要考虑后果的事情。在所有实验中，以人作为对象的医学实验是最为严格的实验之一，这种实验可能对个体生命健康产生不可逆的影响。而政治改革将整个社会作为试验对象，它针对的远不是几个人，是一整个庞大的群体。"它面临的不是一个理论而是实际的选择，一个在现实世界产生结果的选择"②，这需要以一种更为谨慎的态度推进改革。

伯克渐进式改革观的谨慎特质主要体现在这两个环节。其一是追求稳定。一个国家的政治体制有核心的部分，亦存在相对边缘的部分。后者的改革，对整个政治制度的影响较为轻微，因此，它可以相对作出更为大胆和迅速的变动。核心部分的改革则与其相反，越涉及核心的部分，改革也越需要保持政治制度的稳定性。伯克反对取消神职人员会议（The Convocation of the Clergy）就是一个例子，虽然这一机构已经沦为纯粹仪式性的部分，但它在政治制度所处的位置十分关键。"无论如何，它是宪政的一部分，在合适的情

---

① Edmund Burke，"Speech at Bristol Previous to Election"，in *The Writings and Speeches of Edmund Burke*：*Vol. 3*，General Edited by Paul Langford，Oxford：Clarendon Press，1996，p. 639.

② Ted Honderich，*Conservatism*：*Burke*，*Nozick*，*Bush*，*Blair*？，London：Pluto Press，2005，p. 3.

况之下，它就会重新唤起活力并且充满能量。……允许其合法存在是明智的；更明智的做法是只将其作为一种合法存在继续下去。"①

其二是聚焦具体事件。改革是针对具体问题的处置。"伯克的调查不仅总是出于紧迫的政治原因；它们的目的是解决实际问题。"②在不同的情况下，相同的改革议题也需要分别进行考察，这种考察尤其需要考虑到不同地区的差异。在不同历史习俗的塑造中，民众的性情、禀赋和为人处世态度皆存在差异。伯克经常将英国与法国民众进行对比，他判断前者的性质是民众性的，而后者是亲附性的。这种禀性上的差异要求，"人们必须以一种与他们的脾气和性情相处的方式来管理"③。换言之，英国改革的成功不代表法国可以复刻这一方案，一种放之四海而皆准的改革模板只是抽象理性的幻想。

渐进式改革的最大优势也满足了早期伯克平衡现实和道德关系的兴趣。通过最大限度的维持共识，民众在忍受现实中不完美的同时，也不会陷入过分的冷漠之中，忽视道德改善的意义。

对于伯克观念的指责依旧集中在相对主义这一框架。但从更严肃的政治理论看，伯克的态度存在两个需要言明的问题。第一个问

① Edmund Burke, "Repeal of Test and Corporation Acts", in *The Writings and Speeches of Edmund Burke*: *Vol. 3*, General Edited by Paul Langford, Oxford: Clarendon Press, 1996, p. 316.

② Frank O'Gorman, *Edmund Burke*: *His Political Philosophy*, London & New York: Routledge, 2014, p. 49.

③ Edmund Burke, "Observations on a Late State of the Nation", in *The Writings and Speeches of Edmund Burke*: *Vol. 2*, General Edited by Paul Langford, Oxford: Clarendon Press, 1981, p. 194.

题体现在伯克对共识的偏爱。他也承认改革是一件极为困难的事情，"当他们对自己的任何旧偏见，或他们所珍视的任何利益受到触动时，他们会变得谨慎，变得挑剔，每个人都有自己的例外"①。对于共识的强调将赋予现状更强大的力量和更高的优先级。维持共识可能会蜕变为维护既定秩序的借口，导致改革变得更为困难。

历史经验证实存在类似的问题。问题是，有时政治家在尽最大努力的情况下，民众依旧无法凝聚共识。这暗示改革的条件本身尚未成熟，或者至少，大部分民众不激烈反对现有的共识。"一个国家的宪政一旦达成某种契约、默契或明示，在不违反契约或得到各方同意的情况下，就没有任何现存的武力力量可以改变它。这就是合同的性质。"②强行依赖脆弱多数推进改革，只能是一种多数人的暴政。它不但无法实现改革所期望的结果，反而会导致民众的分裂，而这种不加抑制的分裂终将成为内战的导火索。

第二个问题直接质疑伯克理论的实践性。即便怀有维护英国政治制度这一共同愿景，每个人对于事态的判断和把握不尽相同。他们完全可能在同一改革问题上作出不同，甚至截然相反的选择。面对这种分歧，伯克的理论也无法给出如同一般抽象理论一样较为明确的评价标准。换言之，民众为何要相信伯克而不是别的政治家对

---

① Edmund Burke，"Speech on Economical Reform"，in *The Writings and Speeches of Edmund Burke*：*Vol. 3*，General Edited by Paul Langford，Oxford：Clarendon Press，1996，p. 485.

② Edmund Burke，"Appeal from the New to the Old Whigs"，in *The Writings and Speeches of Edmund Burke*：*Vol. 4*，General Edited by Paul Langford，Oxford：Clarendon Press，2015，p. 440.

于具体方案的把握呢？伯克被迫进入他政治框架最后不得不回答的问题，即谁能掌握历史、掌握政治。

第三节　民众与自然贵族

向伯克寻求普遍问题的答案是一件困难的事情。伯克也没有兴趣回答类似的问题。"即使他有时间，就像他进入议会之前那样，他也很少表现出愿意通过真正的理论推理来建立自己思想的基础。"①如果一定要指出一个普遍的决定者，那么唯有上帝才能承担如此的职能。掌握历史超出了人类的能力范围，从某种意义上看，伯克将历史和世界视为上帝的戏剧舞台，人类是舞台上不自觉的演员。"所有生物的行动，甚至人的自由行动，都完全受上帝的支配和指导，这种指导被称为神圣的天意。"②伯克可能认为，存在一个普遍的决定者这种想法本身就是抽象理性僵化的表现。问题是，即便历史是由难以把握的超验者或者上帝所决定，政治在现实历史中需要表现为具体决断者的决断；伯克是否可以指出究竟谁才表现为历史中具体的决断者呢？

伯克在这个问题上存在一些相互冲突的描述。比如在讨论美洲

①　Bruce Frohnen, *Virtue and The Promise of Conservatism*, Kansas：University Press of Kansas，1993，p. 47.

②　Francis Canavan, *The Political Reason of Edmund Burke*. Durham：Duke University Press，1960，p. 178.

问题时，他强调议会权力不应该受到任何限制。"为了使议会能够实现所有这些天赐的和有益的监督，她的权力必须是无限的。"①但晚年时的伯克又指出，"君主制不仅应该保证其独特的存在，而且还应该保证其卓越的地位，作为整个国家的主导和连接原则"②。无限的议会权力和君主至高无上的地位显然存在非常紧张的关系。更可能的解释是，伯克否认在人类具体实践的层面上存在普遍的决定者，决定者的地位依赖于具体事态的变化。"主权在理论上是不负责任的，但在实践中其行使总是受到环境的限制。"③

英国政治制度是由不同的决定者在具体事态中妥协而成的结果。今日的制度尤其体现在贵族、国王与民众三股力量的动态平衡之中。"人民，通过他们的代表和贵族，被赋予了制定法律的审议权；国王则被赋予了否决权。"④议会需要为民众发声，反映民众的愿望和情绪。"如果全体国民的意见作为权力或考虑的手段没有用处，那么通常获得这种意见的品质将不再被培养。"⑤与此同时，王

---

① Edmund Burke，"American Taxation"，in *The Writings and Speeches of Edmund Burke*：*Vol. 2*，General Edited by Paul Langford，Oxford：Clarendon Press，1981，p. 460.

② Edmund Burke，"Appeal from the New to the Old Whigs"，in *The Writings and Speeches of Edmund Burke*：*Vol. 4*，General Edited by Paul Langford，Oxford：Clarendon Press，2015，p. 395.

③ Richard Bourke，*Empire and Revolution*：*The Political Life of Edmund Burke*，Princeton & Oxford：Princeton University Press，2015，p. 489.

④ Edmund Burke，"Thoughts on the Present Discontents"，in *The Writings and Speeches of Edmund Burke*：*Vol. 2*，General Edited by Paul Langford，Oxford：Clarendon Press，1981，p. 279.

⑤ Ibid.，p. 280.

权需要非常谨慎地使用否决权，甚至尽可能不使用否决权。"它的休眠可能是对其存在的保护；而它的存在可能是在一个值得注意的场合拯救宪政本身的手段。"①

这种动态平衡的方式非常符合光荣革命后的英国政治现状，这无疑与伯克的政治诉求密切相关。作为罗金汉姆辉格党人，他需要维护辉格党贵族在光荣革命后的地位和权力。这些贵族将自己视为后革命秩序的维护者，他们既反对王权的扩张，也恐惧民粹的泛滥。这种对于既定秩序的维护，暗示了伯克可能的观点，即"英国宪政的性质在光荣革命时期就已确定下来"②。或者更准确地说，伯克认为在其所处的时代，英国政治制度没有脱离光荣革命后基本的妥协框架。这种框架的最大受益者只不过恰好和伯克在议会中所代表的政治派别相一致。

贵族、民众和国王的相互妥协在一定程度上维护了光荣革命后英国政治秩序的稳定，避免了内战的再次发生。伯克从这段历史中接受一个重要的事实，"虽然消极顺从是一种荒谬的教义，但反叛不能被先验地证明是合理的"③。历史偶然性是人类历史无法摆脱的部分。政治需要克服抽象理性对于完美理论的狂热，才能保有正

① Edmund Burke, "Letter to the Sheriffs of Bristol", in *The Writings and Speeches of Edmund Burke: Vol. 3*, General Edited by Paul Langford, Oxford: Clarendon Press, 1996, pp. 315—316.

② Frank O'Gorman, *Edmund Burke: His Political Philosophy*. London & New York: Routledge, 2014, p. 151.

③ Richard Bourke, *Empire and Revolution: The Political Life of Edmund Burke*, Princeton & Oxford: Princeton University Press, 2015, p. 41.

常的现实感和道德感。罗金汉姆辉格党人的现实情况赋予伯克一个机会，让他能够将光荣革命后的秩序在一定程度上理论化。这一理论化尝试赋予罗金汉姆辉格党人以正当性，也展现了伯克对于政治历史的一致态度。

但伯克的理论化尝试没有解决英国政治制度的底层困境。这种困境尤其体现在议会，特别是下议院与民众的关系上。伯克对下议院同时提出两个难以兼容的目标。一方面，他要求下议院必须反映民意，重视民众意见，他甚至愿意接受民粹在下议院一定程度的泛滥。"在公众的不幸中，如果下议院感染了人民的每一种流行病，这将是一种更自然、更可容忍的罪恶，因为这将表明其与他们的选民有一些血缘关系，有一些自然的同情心，而不是他们在所有情况下都完全不受门外人民的意见和感情的影响。"[1]

另一方面，伯克要求下议院需要尽可能保持稳重，强调政治审慎的重要性。"审慎德行的中心就是立法，并且它不仅仅建立在自然法的基础上，也建立在政治家对于他的社会和需要的独特性的知识上。"[2]下议院有责任维护英国政治制度的稳定。这意味着它需要和民众一时的情绪保持距离，甚至在必要的时候反对民众的情绪。这不可避免地会在民众和下议院之间制造隔阂。

这一矛盾最终体现为代议制当中一个非常复杂的问题，即民众

---

[1]　Edmund Burke, "Thoughts on the Present Discontents", in *The Writings and Speeches of Edmund Burke*: *Vol. 2*, General Edited by Paul Langford, Oxford: Clarendon Press, 1981, p. 292.

[2]　Peter Stanlis, *Edmund Burke and The Natural Law*, New Brunswick and London: Transaction Publishers, 2003, p. XVIII.

与代表之间的关系。伯克承认下议院议员是自己选区民众的代表，必须由选区的选民选举产生。民众在选择代表的问题上握有最终选择权。威尔克斯问题最能体现伯克这一态度。威尔克斯缺乏伯克所欣赏的政治家责任感。"威尔克斯是一个机会主义者，其模式完全由他自己选择。他唤起人们分享他的愤怒，但却没有把他们纳入他的信任范围，因此他可以被称为蛊惑人心的煽动家。"①他三次被米德尔赛克斯的选民选举为下议院议员。下议院则以道德败坏为由，剥夺了威尔克斯的当选资格。无论是否出于具体的党派利益（或者在伯克看来，现实政治中不考虑党派利益的人才是异常的），伯克反对下议院的举动。他指出，"他们认为自己是一个独立于人民的、与人民的意见和感情无关的自生自灭的行政机构。在提升尊严的幌子下，他们破坏了下议院的根基"②。

在确认民众最终选择权的同时，伯克又强调下议院议员的独立性。他们是选区民众的选择，但绝不等同于他们需要屈服于民众的任意。下议院议员应该以自己独立的意志判断对于国家长远利益最有利的选择。"如果我们不允许我们的成员以更大的视野行动；我们终将不可避免地使我们的全国代表沦为一个混乱和混杂的地方机构的喧闹。"③这

---

① David Bromwich, *The Intellectual Life of Edmund Burke*, London & Cambridge: The Belknap Press of Harvard University Press, 2014, p. 130.

② Edmund Burke, "Middlesex Election", in *The Writings and Speeches of Edmund Burke: Vol. 2*, General Edited by Paul Langford, Oxford: Clarendon Press, 1981, p. 229.

③ Edmund Burke, "Speech at Bristol Previous to Election", in *The Writings and Speeches of Edmund Burke: Vol. 3*, General Edited by Paul Langford, Oxford: Clarendon Press, 1996, p. 626.

同时意味着选区所选出的议员可以为了国家的长远利益，牺牲选区的短期利益或者局部利益。正如伯克对他选区选民所说的那样，"我坚持你们的利益，反对你们的意见"①。

即便没有政治经验的人，也可以立即发现这种模式的缺陷。由于民众握有最终的决定权，满足民众的情绪成了获取选票的优先策略。在一个许诺尽可能维护本地利益的候选人和一个强调以国家利益为根本的候选人之间，民众天然会倾向于前者，威尔克斯的当选就与这种情况不无关系。一个更具有讽刺性的例子则是伯克自己。由于伯克在美洲独立、天主教等一系列问题的立场与本选区的态度日益背离，并且影响到了布里斯托当地的利益，他不得不选择放弃竞选该地的议员。

身为一个实际参与政治游戏的下议院议员，伯克不可能不知道这种模式的问题。反向淘汰是这个模式难以规避的问题。伯克本人也承认，"在每一复杂的宪政制度中（每一自由的宪政制度都是复杂的），都会出现这样的情况，即国家的若干秩序会相互冲突，并就其若干权利和特权的界限产生争议。要调和它们可能几乎是不可能的。"②出现弊端和矛盾才是常态。正是在这一意义上，伯克对于政治家的强调才具有真正的重要性。

---

① Edmund Burke，"Speech at Bristol Previous to Election"，in *The Writings and Speeches of Edmund Burke*：*Vol. 3*，General Edited by Paul Langford，Oxford：Clarendon Press，1996，p. 634.

② Edmund Burke，"Middlesex Election"，in *The Writings and Speeches of Edmund Burke*：*Vol. 2*，General Edited by Paul Langford，Oxford：Clarendon Press，1981，p. 229.

政治家与理论家的一个显著差异，就在于政治家能够在利益冲突或者自相矛盾的情况下调和问题。在极端情况下，这需要政治家的自我牺牲。通过牺牲自己的政治声望，政治家将有利于国家长期利益的决策推行下去。这种自我牺牲是一种人性的升华，也是极度难以完成的方式。这种精神浪漫化，有助于唤起对崇高的向往，唤起对共同体的认可，从而突破抽象理性对于原子化个体的崇拜。"他相信，绅士的精神传递的是一种不自私的自尊，这是每一种更大的为公众利益着想的感情的萌芽。"①

需要强调的是，伯克不反对抽象理念或者抽象理性本身的存在，适当的抽象对于人类思维是一种必要的结果。"如果没有健全的、被充分理解的原则的指导和照明，政治上的所有推理，就像在其他任何事情上一样，将只是一堆特定事实和细节的混乱，无法得出任何理论的或实际的结论。"②问题是，政治家必须要在具体的历史中活动。他需要考虑到情势变化所产生的影响，需要找到调和矛盾的较优路径。"任何政治信条的实际后果都会在很大程度上决定其价值。政治问题主要不涉及真理或谬误。它们与善或恶有关。在结果上有可能产生邪恶的东西，在政治上是错误的；在政治上能产生善的东西是正确的。"③

---

① David Bromwich, *The Intellectual Life of Edmund Burke*, London & Cambridge: The Belknap Press of Harvard University Press, 2014, p. 207.

② Edmund Burke, "Unitarian Petition", in *The Writings and Speeches of Edmund Burke*: *Vol. 4*, General Edited by Paul Langford, Oxford: Clarendon Press, 2015, p. 489.

③ Edmund Burke, "Appeal from the New to the Old Whigs", in *The Writings and Speeches of Edmund Burke*: *Vol. 4*, General Edited by Paul Langford, Oxford: Clarendon Press, 2015, p. 445.

伯克所描述的理想政治家是对于罗金汉姆辉格党人理想化的结果。这种理想化最终导向自然贵族的产生。伯克认为，自然贵族不是一种人为塑造的结果。"文明社会，必然产生这种贵族，是一种自然状态，比一种野蛮和不连贯的生活方式更真实。"①"一个自然贵族产生，不是来自某个创始人的思想，也不是来自大自然之手，而是来自习惯化。"②他们诞生于英国的历史文化传统之中，他们的显著特点就在于他们具有处理政治事务的优秀才能。

自然贵族的具体优势建立在弥补两类现实人物的缺陷上。一方面是利用民主选举的野心家。这类人往往雄心勃勃，行动力旺盛。他们会不择手段地为了自身的利益煽动民众的情绪。伯克承认野心是人类本性的一部分，是旺盛行动力的来源。他也注意到这种野心的危险性。在强烈获取个人利益的野心促使下，人一旦沾染上权力之后，就再也难以放弃权力，这极有可能导致专制的出现。"将行政的体制委于一人意志，无论个人人品如何，都是有缺陷的。"③自然贵族往往能够将个人野心与国家整体利益结合起来。自我利益不一定是至高无上的，这是自我牺牲的前提。这种牺牲建立在维护英国政治制度这一基本原则之下，是一种真正忠诚的表现。

---

① Edmund Burke，"Appeal from the New to the Old Whigs"，in *The Writings and Speeches of Edmund Burke*：*Vol. 4*，General Edited by Paul Langford，Oxford：Clarendon Press，2015，p. 449.

② Bruce Frohnen，*Virtue and The Promise of Conservatism*，Kansas：University Press of Kansas，1993，p. 73.

③ Edmund Burke，"Thoughts on the Present Discontents"，in *The Writings and Speeches of Edmund Burke*：*Vol. 2*，General Edited by Paul Langford，Oxford：Clarendon Press，1981，p. 278.

　　另一方面，世袭贵族往往是既定秩序的受益者，他们的利益高度与国家现实利益绑定在一起。他们对于现实秩序的满足也往往让他们陷入一种冷漠和无动于衷的地位。与野心一样，这种冷漠和慵懒也有其积极价值。它帮助贵族以一种谨慎和怀疑的眼光看待事物的变化。问题是，这种冷漠也导致他们疏于捍卫对英国政治制度的威胁。"罗金汉姆辉格党人的普遍错误，来自古代贵族阶层的惰性：他们的特征中有太多先前的财富，以至于他们可能认为，通过现在的努力，他们什么也得不到。"①自然贵族在更为敏锐地意识到对英国政治制度潜在攻击的同时，也比世袭贵族具备更多处理政治事务的才能。

　　更为关键的是，自然贵族是一种维护政治制度的廉价方案。"它是由一组合理的假定所构成的，这些假定就一般而论，必须被承认是实际的真理。"②伯克似乎认为，通过将道德与政治世袭结合起来，自然贵族能够有效帮助现实与道德的共融。他们在给予社会希望的同时，也缓和了社会的激进倾向。"贵族理想的存在，即使是建立在幻想的基础上，也为其他显然毫无意义的理想提供了庇护，例如对美与精致的尊重，以及为了正义而延续的制度。"③也只有自然贵族，才能满足由民众选举又不屈从于民众这一矛盾的目

　　① David Bromwich, *The Intellectual Life of Edmund Burke*, London & Cambridge：The Belknap Press of Harvard University Press，2014，p. 310.
　　② Edmund Burke, "Appeal from the New to the Old Whigs", in *The Writings and Speeches of Edmund Burke：Vol. 4*, General Edited by Paul Langford, Oxford：Clarendon Press，2015，p. 448.
　　③ David Bromwich, *The Intellectual Life of Edmund Burke*, London & Cambridge：The Belknap Press of Harvard University Press，2014，p. 208.

标。通过自己处理现实政治的才能及道德的亲和力，自然贵族可以让民众真心理解和接受维护国家长期利益的意义。

自然贵族这一概念暗示，不平等才是人类自然的情况。一切政治讨论必须符合基本的现实和人性。这种不平等表现在才能上，也表现在道德素养上。政治权利上的不平等也是历史演化生成的结果。霍布斯意义上能力总量的相等，是一种抽象的讨论。在具体的情况下，身体和头脑的能力往往不能进行互换。一个身体素质再优秀的人，不代表他能够推导出相对论。爱因斯坦的头脑也不能让他成为百米冠军。"显然，在自然界中，人类是不平等的：在思想上、身体上、能量上、在各种物质环境中都是不平等的。"[1]

这种不平等尤其体现在伯克对于权利义务关系的把握上。并非所有的权利义务关系都是相对的。"当我们结婚时，选择是自愿的，但责任不是选择的问题。它们是由形势的性质所决定的。"[2]下议院议员的责任亦是如此。一方面，他由民众选举产生，但他的责任来自下议院议员这一职位。另一方面，民众在很多情况下缺乏对于复杂政治事务的辨别能力，需要获得指导和引领。"在自然等级制度的各等级之间存在着一种比任何人为的物质生活条件或政治权力均等化所能创造的更真实的平等。"[3]

---

[1]　Russell Kirk, *The Conservative Mind from Burke to Eliot*, Washington, D. C.: Regnery Publishing, Inc., 2001, p. 58.

[2]　Edmund Burke, "Appeal from the New to the Old Whigs", in *The Writings and Speeches of Edmund Burke: Vol. 4*, General Edited by Paul Langford, Oxford: Clarendon Press, 2015, p. 443.

[3]　Charles Parkin, *The Moral Basis of Burke's Political Thought*, New York: Russell & Russell, 1956, p. 37.

许多人将伯克矛盾的态度视为他历史局限性的表现。"他没有预见到他的时代里道德和政治主体的最终走向"①，但自然贵族这一概念成立依旧没有脱离早期伯克思想的基本框架。或者更明确地说，自然贵族的缺陷是伯克原则自我分裂的结果。正如第一章所指出的那样，早期伯克对于习俗的基本理解就存在一对相互紧张的关系。他既认为习俗是一种可以被改造的产物，又强调习俗中所蕴含的集体智慧。

习俗的可变动性最终转化为对于贵族制，或者贤人政治的支持上。如同他在《改革者》中所做的那样，他将民众视为一种未成熟的状态，可以通过引导提升民众的道德素养。下议院议员与民众的关系类似于父母与子女的关系，他们需要为民众负责。许多议员迫于民众和党派领袖的压力，并没有真正履行这一职责。"他们对那些从未征求过他们意见的措施，往往漫不经心地、被动地予以赞同。"②对民意的表面服从掩盖了它放纵的本质。

对于习俗所蕴含的集体智慧则为民众的最终决定权提供了基础。伯克对"人民主权"这类近代社会契约论毫无兴趣。作为集体的民众是习俗的载体和创造者之一。英国政治制度离不开习俗。"它是由民众由人民的特殊情况、场合、脾气、性情以及道德、公民和社会习惯决定的，而这些只有在很长一段时间内才会显现出

---

① ［英］约翰·莫雷：《埃德蒙·伯克评传》，刘戎译，上海社科院出版社2018年版，第45页。

② Edmund Burke, "Appeal from the New to the Old Whigs", in *The Writings and Speeches of Edmund Burke*：*Vol. 4*，General Edited by Paul Langford, Oxford：Clarendon Press，2015，p. 459.

来。"①即便民众做出错误的选择，它也可能是超出个人智慧可以理解的结果。剥夺民众的最终选择权，等于剥夺英国政治制度赖以生存的土壤。

与其说伯克没有意识到大众政治时代的到来，倒不如说伯克始终坚持一种古典政治的价值取向。政治的终极目的应当指向某种善，而非意志的决断。"政治家的职责并不属于众人所选择的那些人，而应该由那些有德行和智慧，实际的或假定的，有资格完成政府任务的人履行。"②执掌政治的人清楚地知道他们必须以民众的利益为目标，并尽可能地使民众同情和理解所作出的政策。在理想的状态下，自然贵族是最接近可能掌握历史和政治的人物。用伯克的话说，自然贵族是"上帝与人之间的调和者"③，他们的行为本身就是在诉说上帝对于历史和政治的掌控。

---

①　Edmund Burke，"Parliamentary Reforms"，in *The Writings and Speeches of Edmund Burke*：*Vol. 4*，General Edited by Paul Langford，Oxford：Clarendon Press，2015，p. 219.

②　Francis Canavan，*Edmund Burke*：*Prescription and Providence*，Durham：Carolina Academic Press，1987，p. 106.

③　Edmund Burke，"Appeal from the New to the Old Whigs"，in *The Writings and Speeches of Edmund Burke*：*Vol. 4*，General Edited by Paul Langford，Oxford：Clarendon Press，2015，p. 449.

第四章　美洲问题与政治审慎

　　伯克的思想具有鲜明的党派意识是一个明显的事实，但党派意识不代表伯克在具体问题的选择上是一个投机主义者。进入议会后的伯克没有脱离他早期所建立的基本框架。他在不同问题上立场的差异，建立在他对于维护英国政治制度的信念之上。贵族、民众和国王享有这种制度所保障的自由。"他捍卫这些自由，并不是因为它们是在理性时代发现的创新，而是因为它们是古老的特权，由古老的习惯所保证。伯克是自由派，因为他是保守派。"①

　　自然贵族是伯克为英国政治制度设计的理想维护者。他们凭借自己的政治才能和道德亲和力，使英国政治体制中的各种力量黏合在一起，保持共同体的共识。理想化的自然贵族是伯克反抗抽象理性宰制的结果。通过最大程度激发人的崇高感和责任感，自然贵族能够实现真正的自我牺牲，将共同体的利益置于个体利益之上。"这种情感对计算的胜利既是普通的，也是神奇的，伯

---

　　① Russell Kirk，*The Conservative Mind from Burke to Eliot*，Washington D. C.：Regnery Publishing，Inc.，2001，p. 21.

克的目的是传授一种对这种出现在历史和经验中的不可背叛的冲动的崇敬。"①这背后更深层的动机则与伯克对唯意志论的抗拒相吻合，"对伯克来说，人与公民社会的关系是一种道德必要性"②。政治上的唯意志论从根本上损害了道德的稳固地位，政治现实和道德的关系将呈现出一种更为撕裂的状态。

伯克的思想挑战没有结束。随着英国日益转变为一个全球性殖民帝国，伯克不可能只将他的政治理论运用在英国本土。这是一个前所未有的问题，亦是之前的政治思想家几乎没有讨论过的问题。新形势的变化产生新的解释需求。本章将把目光聚集在美洲问题上。这是伯克进入议会政治中所面临的第一个殖民帝国政治问题。他早期的议会发言几乎都围绕反对格伦维尔（George Grenville）政府的《印花税法案》（Stamp Act）而展开。

在《对晚期国家的观察》（*Observations on a Late State of the Nation*，1769）中，伯克首次较为完整地对美洲问题进行讨论。随着美洲问题的长期化，伯克不得不多次阐释和调整他的态度和解决方案。《论课税于美洲的演讲》（*Speech on American Taxation*，1774）、《论与美洲和解的演讲》（*Speech on Conciliation with America*，1775）和《致布里斯托行政司法长官书》（*Letter to the Sheriffs of Bristol*，1777）是最为主要的三部作品。本章试图指出，

① David Bromwich, *The Intellectual Life of Edmund Burke*, London & Cambridge: The Belknap Press of Harvard University Press, 2014, p. 7.

② Peter Stanlis, *Edmund Burke and The Natural Law*, New Brunswick and London: Transaction Publishers, 2003, p. 72.

伯克的帝国政治理论依旧以维护英国政治制度作为自己的出发点。正如他在《论与美洲和解的演讲》表示的那样，"正是英国宪政的精神，通过广大的群众，渗透、滋养、团结、振奋、活跃了帝国的每一部分，甚至是最细小的成员"①。

第一节　征税与代表权

对英国而言，1763 年是一个值得庆祝的年份。长达 7 年的英法战争终于落下帷幕，这极大扩张了英国在北美地区的影响力和控制力。英国不仅从西班牙手中获得了佛罗里达地区，更是从法国手中夺取大量加拿大领地。这场战争产生了两个重要问题。一方面，随着北美殖民地的膨胀式增加，原有的殖民地管理方式在一定程度上已经无法满足现实需求。另一方面，长期的战争让英国财政陷入困境。在英国国债几乎翻了一番的情况下，如何恢复财政的健康，成为格伦维尔政府最为紧迫的问题。

这两个相互角力的问题展示了英国本土与美洲殖民地之间最初的裂痕。对于 1763 年的美洲殖民地民众而言，十几年后的独立是一个难以想象的情景，而当下生活在英国统治下的秩序是一件自然的事实。此外，战争的胜利也加强了殖民地与本土的共同荣耀。两

---

① Edmund Burke，"Letter to the Sheriffs of Bristol"，in *The Writings and Speeches of Edmund Burke*：*Vol. 3*，General Edited by Paul Langford，Oxford：Clarendon Press，1996，p. 165.

边的政治家都意识到为了更好地开发殖民地，需要加强对印第安人和其他殖民国家的防御，也需要建立起新的西部土地开发管理方式。"即使在目的上存在一致意见，但在实现这些目的的政策上却没有什么共识。"①一个典型的例子就是战后英国本土在美洲的驻军。双方都承认驻军的必要性，但究竟应该由谁支付驻军的费用，双方存在截然不同的想法。

在英国财政困难的情况下，驻军费用是格伦维尔政府必须解决的问题。老练的格伦维尔选择糖税作为突破口。随着 1733 年蜜糖法案（Molasses Act）的到期，他推出了糖类法案（Sugar Act）作为替代。在基本继承原有法案的基础上，新法案进一步强化了海关的执行效率和征税的效率。除了引发零星抗议外，新法案在美洲殖民地运行良好。格伦维尔从中看到进一步实行改变的机会，1765 年的印花税法案就是在这种背景下出现的。

在英国本土，印花税是一个运行非常有效的税种。格伦维尔显然认为，在糖类法案没有得到激烈反对的情况下，在与英国政治制度具有相似性的美洲殖民地推广印花税是一个稳健且具有可行性的方案。这一法案成功实行既有助于缓解驻军所产生的费用，恢复英国财政的平衡，也能加强英国本土对殖民地的管理。虽然殖民地在法案通过之前已经表达了自己的反对意见，但是这种意见更多被视为暂时性的情绪。即便是英国在美洲殖民地的代理人本杰明·富兰

① James Conniff，*The Useful Cobbler：Edmund Burke and the Politics of Progress*，New York：State University of New York Press，1994，p. 186.

克林也没有预想到印花税法案会成为美国独立的导火索。作为格伦维尔的反对者，伯克也承认，"可以肯定的是，他怀着世界上最美好的愿望，首先将这一致命的计划付诸实施，并通过议会法案确立了它"①。

历史的偶然性随即显示出自己的力量。随着印花税法案在1765年3月正式通过，美洲殖民地的不满情绪迅速上升为对于殖民制度的不满，征税与代表权成了争论的焦点。英国本土的政治局势也发生了重要变化，由于与乔治三世关系不断恶化，格伦维尔在同年7月辞任首相。罗金汉姆侯爵接任成为首相，伯克则于该年12月当选为下议院议员。罗金汉姆政府将自己视为格伦维尔政府的反对者，它倾向于将美洲殖民地日益高涨的不满归咎为前任政府的失误。但殖民地的不满情绪必须得到解决，刚当选议员的伯克随即被抛入到复杂的帝国政治问题之中。

"起初，罗金汉姆政府并没有什么美国政策可言。当殖民地出现动荡的迹象时，它最初的倾向，反映了其实际负责人坎伯兰公爵的想法，似乎是采用严格执法和压制异议的政策。"②作为功勋卓著的军事指挥家，坎伯兰公爵不认为美洲殖民地有足够的武力对抗英国本土。然而，他的意外中风去世再次展示了历史的偶然性。在本土和海外殖民地商业和制造业人士的请愿下，罗金汉姆侯爵很快接

① Edmund Burke, "American Taxation", in *The Writings and Speeches of Edmund Burke*：*Vol. 2*，General Edited by Paul Langford, Oxford：Clarendon Press，1981，p. 431.

② James Conniff, *The Useful Cobbler*：*Edmund Burke and the Politics of Progress*，New York：State University of New York Press，1994，p. 187.

受了亲商业集团的想法，认为需要废除法案才能结束殖民地不满。

作为亚当·斯密的好友，伯克不掩饰对自由贸易的好感。商品交换本质上是相互约定的结果，"由双方的相互便利，实际上也由他们的相互需要所决定"①。比起政府机构，交易双方应该对自己的需求有更明确的认知。政府对于贸易的肆意干涉只会导致贸易的失败。"政府的最大用处是作为一种约束；除了在愤怒的环境下对激烈的投机加以抑制外，它对别人和自己都没有什么约束。"②

支持自由贸易不代表伯克和斯密拥有相同的出发点。"在伯克的思想中，自由贸易不是基于效用，而是基于正义。"③自由贸易可以促进生产要素的流通。"如果商业自由度最大限度地扩展到美国，英国财政部则间接受益于国内生产力和汇率的提升。"④更重要的是，自由贸易是民众在长期交往中自发形成的行为习惯。在没有明确前景的情况下，改变贸易的自然状态绝非明智之举。"即使没有个人利益，为保护和扩大英国商业而努力也是英国政治家的责任。"⑤

自由贸易影响了伯克殖民地理论的第一个基础，即殖民地的建立是出于经济目的而非政治目的。英国本土对于殖民地的管制主要

---

① Edmund Burke, "Thoughts and Details on Scarcity", in *The Writings and Speeches of Edmund Burke*: *Vol. 9*, General Edited by Paul Langford, Oxford: Clarendon Press, 1991, p. 126.

② Ibid., p. 120.

③ Peter Stanlis, *Edmund Burke*: *The Enlightenment and Revolution*, New Brunswick & London: Transaction Publishers, 1993, p. 23.

④ Richard Bourke, *Empire and Revolution*: *The Political Life of Edmund Burke*, Princeton & Oxford: Princeton University Press, 2015, p. 288.

⑤ Carl Cone, *Burke and the Nature of Politics The Age of the American Revolution*, Kentucky: The University of Kentucky Press, 1957, p. 88.

集中在贸易之上。问题的关键不是征税的正当性问题，各方也都不可能在这一问题上找到令所有人满意的答案。美洲殖民地已经习惯于贸易管制这种方式，因为这种方式本身已经给帝国财政带来收入。他在《论与美洲和解的演讲》指出，"这是议会一再承认，殖民地不仅给予，而且给予过多。"①对美洲进行征税是一种施加额外负担的结果。

公正地说，格伦维尔政府的征税计划绝非任性举措。比如它从1763年就开始征求对于法案的意见。糖税法案在很大程度上也只是加强了以前被忽视的监管。殖民地的反对意见被视为温和且可以被安抚的，"格伦维尔的帝国政策似乎是一个有着长远未来的综合设计"②。但政治只能以结果作为最终的判断依据，殖民地日益高涨的不满是政治判断失误的表现。"在采取强硬措施时，最要紧的是不要犯错误；只有当坚定与最完美的智慧相伴时，它才是一种美德。事实上，反复无常是对愚蠢和无知的一种自然矫正。"③

伯克的解释暗含一种功利的立场。他似乎认为贸易管制所产生的收益可以与税收收入进行比较。或者更明确地说，他将这种比较诉诸于一种直觉性的公平，而非任何正当性问题。"他希望英国人

① Edmund Burke，"Speech on Conciliation with America"，in *The Writings and Speeches of Edmund Burke*：*Vol. 3*，General Edited by Paul Langford，Oxford：Clarendon Press，1996，p. 151.

② David Bromwich，*The Intellectual Life of Edmund Burke*，London & Cambridge：The Belknap Press of Harvard University Press，2014，p. 191.

③ Edmund Burke，"Thoughts on the Present Discontents"，in *The Writings and Speeches of Edmund Burke*：*Vol. 2*，General Edited by Paul Langford，Oxford：Clarendon Press，1981，p. 255.

承认，英国殖民和商业体系的成本对美洲人来说足够大，相当于相当大的税收负担。"①格伦维尔政府推行印花税的举动等于破坏了原有的稳定结构，因此恢复原状被视为一种缓和问题的自然选择。罗金汉姆政府最终在 1766 年废除糖税法案和印花税法案，法案的废除在一定程度上缓和了局势，许多美洲殖民者将这种废除视为自己的政治胜利。

问题是，由于对印花税法案的长期讨论，问题的焦点已经从单纯反对法案上升为对于殖民地代表权问题的担忧。普遍的不满已经开始挑战英国现有的政治结构，这种不满直接将代表权与征税结合在一起。这种结合同时受到两个因素影响。一方面是英国的历史惯例。美洲殖民者倾向将征税与英国式的自由混为一谈，在没有代表的情况下征税违背了英国的政治传统，是一种典型的暴政行为。

另一方面，受到近代社会契约论的影响，自然权利的观念在殖民地流行。他们对国家的理解带有强烈的洛克痕迹，国家被认为是"人所建立的一种为了固化、保存和增强他们公民兴趣（civil interests）的社会"②。所谓公民兴趣指的就是生命、自由、健康和对于外在事物（outward things）的财产权力，而政府的职责以及它的全部职责就在于保护这样一种公民兴趣。在议会中缺乏代表等于缺乏民众的授权，在没有民众意志同意的情况下，施加额外的征税将

---

① James Conniff，*The Useful Cobbler*：*Edmund Burke and the Politics of Progress*，New York：State University of New York Press，1994，p. 123.
② John Locke，*A letter Concerning Toleration and Other Writings*，Edited by Mark Goldie，Indianapolis：Liberty Fund，2010，p. 12.

违背设立政府的目的。

两个因素在实践上都导向同一个逻辑，即对美洲的征税必须建立在英国本土议会拥有美洲代表这一基础之上。这一逻辑的清晰明确性赋予其强大的政治动员能力。伯克敏锐地意识到这一想法可能产生的问题。第一，也是最直接的是，这一想法缺乏客观的可行性。在伯克时代，实现英国本土和美洲殖民地的环游需要耗费大量的时间。"你和他们之间隔着三千英里的海洋。没有什么办法能阻止这种距离对削弱政府的影响。"[1]议会事务的繁忙和议会决策的即时性导致无法接受将大量的时间消耗在信息的传递上。

第二，即便克服了自然地理的阻碍，大量美洲殖民地议员的加入也无助于解决问题，它只是将议会外的矛盾放入议会之中。属于美洲的议员容易倾向维护自己地区的特殊利益。美洲议员的数量则会强化他们作为少数派的孤立感，英国本土的议会成员完全可以凭借数量优势推行对本土更有利的法案。

更为糟糕的是，这一想法不但对解决问题没有帮助，反而可能对英国政治制度产生灾难性的影响。"英国的稳定依赖于在议会主权下联合起来的混合政府体系的各个组成部分保持统一的权威。"[2]大量美洲议员加入产生的变动性，完全不亚于取消口袋选区或者缩短议员任期这样的举措，由此导致的恶性党争和议会算术平衡的剧

---

① Edmund Burke, "Speech on Conciliation with America", in *The Writings and Speeches of Edmund Burke*: *Vol. 3*, General Edited by Paul Langford, Oxford: Clarendon Press, 1996, p. 124.

② Richard Bourke, *Empire and Revolution*: *The Political Life of Edmund Burke*, Princeton & Oxford: Princeton University Press, 2015, p. 294.

烈变化都可能危及英国政治制度的生存。

对代表权的呼唤和政治现实的复杂性迫使伯克提出他美洲殖民地理论的第二个基础内容，即二级议会系统。各殖民地和英国本土都拥有自己选举产生的议会，负责本地区的事务；但英国本土议会同时也是整个英国事务的最终决定者。"大不列颠议会以两种身份领导着这个庞大的帝国：一种是作为这个岛上的地方立法机构，立即为国内的一切事务提供服务，除了行政权力之外没有其他工具。另一种，我认为她更高贵的能力，就是我所说的帝王气质；在那里，她就像在天堂的宝座上一样，监督所有的几个下级立法机构，引导和控制它们，而不消灭任何一个。"[1]

英国本土议会对殖民地议会的干涉应当是一种罕见和极端的情况。伯克本人只指出在战争期间殖民地议会拒绝提供金钱支持的情况下，英国本土议会对殖民地强制征税有其合理性。问题严重到如此程度，干涉也只具备初步正当性，而真正使用这种权力必须慎之又慎。"这不应该是普通的权力；也不应该在一开始就使用。……议会的征税权是帝国的工具，而不是一种提供供应的手段。"[2]伯克的观点同时暗示，他并不否定英国本土议会可以在没有殖民地代表的情况下进行征税。一切政治困境只能在具体事态中得到缓和。

---

[1]　Edmund Burke,"American Taxation", in *The Writings and Speeches of Edmund Burke：Vol. 2*, General Edited by Paul Langford, Oxford：Clarendon Press，1981, p. 459.

[2]　Ibid., p. 460.

伯克意图在不接受议会合并的情况下，实现两个目标。一个是保证英国本土议会至高无上的地位，这不能被简单解释为伯克站在英国本土的立场压制殖民地。议会作为英国政治制度最为重要的结构之一，需要及时对帝国发生的事态作出决断。具体事态无穷无尽。"议会必须用其无限的主权储备来弥补这些偶尔的不足。"①另一个是尽可能保障殖民地的利益，维护殖民地从英国本土继承下来的自由。两种难以调和的目的促使伯克必须承认英国本土议会对下级议会宰制的同时，又将这种宰制视为达摩克里斯之剑。与他对国王否决权的认知类似，存而不用才是维护英国政治制度最有利的方式。

在代表权的具体问题上，伯克进一步发挥了议会代理人制度。在伯克时代，由于条件的限制，往往需要通过代理人进行利益表达和谈判。比如富兰克林就是英国议会在美洲的代理人，伯克本人后来也成为纽约在英国本土的代理人。"虚拟代表制的概念是基于这样一种信念：一个地区和立法机构成员之间的利益共同性，这种共同性通常是由其他地方的类似地区选举成员，而不是由地区实际选择代表，足以确保在政府中有足够的民众影响力。"②

伯克的设计在逻辑上存在一个致命缺陷。只要英国本土议会保有最高权力，殖民地就处于一种潜在的不安全状态中。虽然伯克只

---

① Frank O'Gorman, *Edmund Burke：His Political Philosophy*. London & New York：Routledge, 2014，p. 90.

② James Conniff, *The Useful Cobbler：Edmund Burke and the Politics of Progress*, New York：State University of New York Press, 1994，p. 157.

允许英国本土议会在极特殊的情况下实行这种权力，但问题是极特殊状况本身就是一个难以言明的问题。比如，美洲拒绝印花税法案是否可以视为极特殊的情况？又比如，在波士顿倾茶事件之后，美洲是否进入极特殊的情况呢？

伯克将这种想法视为缺乏政治经验的结果。"如果你粗暴地、不明智地、致命地，通过敦促从最高主权的无限性和不可限量的性质中进行微妙的推理，并产生令你统治的人所厌恶的后果，你将通过这些手段教导他们对主权本身提出质疑。"①形而上学倾向将问题的逻辑推演到极致，问题是在复杂的政治现实中，极端才是罕见的情况，否则它也不会被称为极端。

集体智慧和历史惯例都有助于保持政治的常态。当极端分子反复渲染几乎不可能发生的特殊情况时，"你会更有风度地使用它，产生更好的效果，并且很可能得到各省所有安静和理性的人的赞同"②。理论上的极限不代表事实上的极限，抽象理论的思考方式则暴露它对于政治的无知。"一个没有实际价值的理论是完全错误的，我们应该尝试建立一个新的植根于具体经验告诉我们的理论。"③人类事务的复杂性导致界限始终处于变动之中。"它们是无法精确定义的事物。但是，没有人能在白天黑夜的之间画出一划，

---

①　Edmund Burke，"American Taxation"，in *The Writings and Speeches of Edmund Burke*：*Vol. 2*，General Edited by Paul Langford，Oxford：Clarendon Press，1981，p. 458.

②　Ibid.，p. 456.

③　Robert Lacey，*Pragmatic Conservatism*，New York：Palgrave macmillan，2016，p. 43.

光明与黑暗则是完全可以区分的。"①没有精确标准和没有标准不能等同视之。

无论是伯克的殖民地理论符合罗金汉姆政府的需求，还是罗金汉姆政府的政策与伯克思想一致。1766 年在废除原有法案的同时，议会通过了宣言法案（Declaratory Act），该法案宣布英国本土议会有权在没有殖民地代表的情况下改变殖民地政府。"无论宣言法案是否审慎，它都是伯克的信念的真诚表达。"②伯克认为这种双管齐下的策略是政府深思熟虑的表现。"他们没有走中间路线。他们与两党的计划有根本的不同；但他们保留了两党的目标。他们维护了英国的权威。他们维护了英国的公平。"③

宣言法案的设计目的在于强调本土议会至高无上的地位，缺乏对于具体细节的规定。伯克将这种缺失视为必要的模糊，这种模糊代表大多数人在 1766 年的想法，"既维护议会的主权，又收回其最近最引人注目的权力行使；保留议会制定新法律的权力，但心中却没有一部特定的法律"④。宣言法案的通过在殖民地并非没有争议，

---

① Edmund Burke，"Thoughts on the Present Discontents"，in *The Writings and Speeches of Edmund Burke*：*Vol. 2*，General Edited by Paul Langford，Oxford：Clarendon Press，1981，p. 282.

② Russell Kirk，*Edmund Burke*：*A Genius Reconsidered*，Peru：Sherwood Sugden & Company，Publishers，1988，p. 57.

③ Edmund Burke，"American Taxation"，in *The Writings and Speeches of Edmund Burke*：*Vol. 2*，General Edited by Paul Langford，Oxford：Clarendon Press，1981，p. 443.

④ David Bromwich，*The Intellectual Life of Edmund Burke*，London & Cambridge：The Belknap Press of Harvard University Press，2014，p. 194.

但绝大多数殖民者都沉浸于废除法案所带来的喜悦中。伯克凭借自己的贡献，成为当时在美洲殖民地最受欢迎的政治家之一，但深层的问题已经埋下。

伯克美洲殖民地理论的两个基础最终建立在维护英国政治制度这一基本目标之上。从这点看，他的殖民地理论与国内宪政理论在内核具有高度一致性。"伯克处理帝国问题的方法，与他处理其他地方政治问题的方法完全一致。他的哲学源于对人性现实和历史意义的敏锐洞察力。"[1]他总是通过恢复在历史中的常态，保持现有政治结构的整体稳定。部分美洲殖民者则同样注意到宣言法案对殖民地传统的潜在威胁，宣言法案的模糊性也可以视为未来加强对殖民地控制的框架，该法案的滥用将严重影响到从英国本土传承至美洲殖民地的自由传统。换言之，这些殖民者从与伯克相同的出发点，得出了截然相反的结论。这种困境最终在波士顿倾茶事件中展露在伯克的面前。

第二节　习俗与政治情感

第一届罗金汉姆政府是一个非常短命的政府。推出宣言法案不久后，罗金汉姆政府就宣告垮台。无论伯克还是罗金汉姆都未曾想到，他们接下来十几年将会一直扮演议会反对派的角色。接替罗金

---

[1]　Frank O'Gorman, *Edmund Burke：His Political Philosophy*. London & New York：Routledge，2014，p. 78.

汉姆担任首相的是第二次组阁的老皮特。老皮特采用以人不以党的方式挑选自己的内阁成员。上一章已经指出，伯克将这种美好的意图视为一种幻想。他充满讽刺地写道："有一个办公室的人被分到了一起，他们一生都没有说过话；直到他们发现自己，他们不知道是怎么发现的，在同一个车床上，头和脚都在一起。"①顺带一提的是，老皮特的儿子小皮特后来成为英国有史以来最年轻的首相，也成为迪斯累利之前最重要的托利党首相。

与罗金汉姆一样，老皮特也未将自己视为上一届政府政策的继承者。罗金汉姆政府的政策在安抚殖民地的同时，也再次将英国的财政问题带回政府。1767 年，老皮特政府的财政大臣汤森以宣言法案为依据，引入了一系列关于殖民的法案。对殖民地征收外部税、加强贸易检查，以及利用税收支付给总督和法官工资都是这些法案的内容。汤森认为，在美洲殖民者反对内部印花税的情况下，尝试向美洲殖民地外部进口的货物征税是一个可行的策略。

汤森的突然去世使得他没有看到将茶叶纳入外部税会对日后的不列颠帝国产生何种影响。殖民者曾经的忧虑变成现实。作为《宣言法案》的捍卫者，伯克立刻陷入尴尬的境界。在纽约限制法案（The New York Restraining Act）中，伯克痛心疾首地表示："因为每一个这样的事件都提供了一个新的、令人信服的、当然也是最令人羞愧的证据，证明公共辩论根本不充分，议会规章根本不充

---

① Edmund Burke，"American Taxation"，in *The Writings and Speeches of Edmund Burke*：*Vol. 2*，General Edited by Paul Langford，Oxford：Clarendon Press，1981，p. 451.

分，无法就如此错综复杂和如此微妙的政策问题作出任何决定。"①

伯克的激烈表态与他作为纽约在议会的代理人不无关系。更为重要的是，伯克似乎意识到英国本土和美洲殖民地即将陷入一种更恶劣的状态。缺乏美洲殖民者的支持将严重阻碍法案的推行，这意味英国本土只能通过强化权力的方式执行法律。"在你制定了这部法律来执行你的最后一部法律之后，你必须再制定一部法律来执行那部法律，就这样无休止地轮流进行着徒劳无益的努力，你的每一个伟大的行动都必须伴随着一个小的行动，就像一个乡绅携带他的盔甲一样。"②徒劳无益的循环最终将耗尽英国本土的权威。

伯克的糟糕预感成为现实，美洲殖民地的激烈抗议最终导致波士顿骚乱。诺斯勋爵领导的新政府在1770年废除了大部分汤森法案。但1773年，为了解决东印度公司的财务困境，议会以茶叶税为基础重新修订茶叶法案。与印花税法案还有汤森法案一样，"1773年的《茶叶法》没有引起任何征兆；自从诺斯勋爵担任政府首脑以来，议会没有对美国问题进行过重大辩论"③。事态在接下来一年内迅速发酵，最终引发了波士顿倾茶事件。

事态的变化迫使伯克对殖民地理论作出进一步的完善。他试图在三个鸡蛋上"跳舞"。第一，伯克不认为法案本身存在明显问题。

---

① Edmund Burke，"Suspension of New York Assembly"，in *The Writings and Speeches of Edmund Burke*：*Vol. 2*，General Edited by Paul Langford，Oxford：Clarendon Press，1981，p. 58.

② Ibid.，p. 59.

③ Carl Cone，*Burke and the Nature of Politics The Age of the American Revolution*，Kentucky：The University of Kentucky Press，1957，p. 252.

"该法案从来没有打算作为帝国的原则性理论，而是在满足殖民要求的同时，尽可能多地保留英国对美洲权威的实际尝试。"①从政治现实的角度考虑，该法案是罗金汉姆政府的重要立法，伯克否定宣言法案等同于自身党派的努力。

第二，宣言法案成为汤森对美洲殖民地加强控制的合法来源，损害了本土与殖民地的关系。在格伦维尔已经失败的情况下，汤森的立法缺乏足够的谨慎和对政治现实的把握，废除又再次进行征税的举措更损害了政府的信誉和连续性。伯克倾向认为皮特政府的做法滥用了设立宣言法案的目的。或者更具体地说，汤森无原则的行为破坏了法案的原则。"汤森向美国征税是为了取悦英国，但为了取悦美国，他又放弃征税。"②

第三，伯克继续拒绝近代社会契约论者的基本理论，反对他们的天赋权利观念。制度和法律是具体事态的结果，具有高度的妥协性。它们不可避免地存在各种缺陷和漏洞，无论何种精心设计都无法保证它们在历史的长河中不被错误使用。人类自身就是导致制度和法律不稳定的最大诱因。完美的理论本身不存在于现实政治之中，完美的理论预示对于未来的绝对掌控。人类的认识能力难以达到此类高度。"因为人是最不明智的，也是最明智的"③，对完美政

---

① James Conniff, *The Useful Cobbler*: *Edmund Burke and the Politics of Progress*, New York: State University of New York Press, 1994, p. 188.

② Ibid., p. 193.

③ Edmund Burke, "Parliamentary Reforms", in *The Writings and Speeches of Edmund Burke*: *Vol. 4*, General Edited by Paul Langford, Oxford: Clarendon Press, 2015, p. 219.

治的期望只会导致更大的绝望。

真正的稳定需要建立在更深入人性的基础上。换言之，制度与法律可能是保障英国政治秩序的重要因素，但不是决定因素。英国政治现实和道德秩序的保障离不开共同的情感，而帝国本土与殖民地之间的和解则在于激发共同的情感。"如果没有这样的东西，我看不出如何能真正与那些人和解，毕竟他们的感情必须是我们政府最可靠的保障。"①

伯克的想法建立在一个非常朴素的经验认知上。家庭成员间的矛盾是日常纠纷的重要内容，但在大部分情况下，家庭成员可以通过忍让和相互妥协缓和问题。伯克暗示这种日常经验可以运用于政治事务上。"那些殖民地曾经不仅对母国百依百顺，而且对母国充满了感情，他们自给自足，对我们的政府百依百顺，对我们的商业最有利，而现在却变得完全疏远、不满、不听话、暴乱，其中有一个甚至要造反了。"②

美洲问题已经不再是制度和法律的问题。即便本土议会放弃对殖民地压迫性的法案，只要没有恢复共同的情感纽带，两者依旧处于难以调和的紧张关系中。相互间的不信任导致双方陷入猜疑链中。"这种辩证法是建立在激烈的想象力基础上的，引起了双方的

---

① Edmund Burke, "Letter to the Sheriffs of Bristol", in *The Writings and Speeches of Edmund Burke*: *Vol. 3*, General Edited by Paul Langford, Oxford: Clarendon Press, 1996, p. 303.

② Edmund Burke, "Suspension of New York Assembly", in *The Writings and Speeches of Edmund Burke*: *Vol. 2*, General Edited by Paul Langford, Oxford: Clarendon Press, 1981, p. 87.

错误认识。美洲人认为，政府决心压迫他们，而英国人则认为，殖民者打算造反。"①任何琐碎的问题都可能成为纷争的新借口。

问题的解决只能依赖于恢复本土与殖民地之间的历史情感。"当臣民们由于这种长期的不良行为，一旦被彻底激怒，国家本身也被严重扰乱时，人民必须对他们的感情有一些满足，这比对法律和政府的诡辩猜测更可靠。这就是我们的处境。这样的满足感对于防止诉诸武力是必要的；把它们放下来是必须的；有必要防止人们一次又一次地提起它们。"②这种共同的情感才是保证不完美的制度和法律能够在现实中持续运作的原因。晚年时的伯克更是直接指出，"国家的目标（只要可能）是全体人民的幸福。……人类的幸福或痛苦，以他们的感情和情绪而不是以他们的权利的任何理论来估计"③。

伯克对共同情感的重视与他的审美理论密不可分。共同情感不是单纯的情绪反应，它背后蕴含道德的可能性。与崇高感一样，道德情感是一种克服个体利益局限性的有效方式。作为共同体的维护者，政治家需要重视共同情感的道德作用。"无论在戏剧还是政治中，演员必须努力去做的是在他自己和观众之间创造一种道德关

---

① Richard Bourke, *Empire and Revolution：The Political Life of Edmund Burke*, Princeton & Oxford：Princeton University Press, 2015, p. 316.

② Edmund Burke, "'Tandem' to the Public Advertiser", in *The Writings and Speeches of Edmund Burke：Vol. 3*, General Edited by Paul Langford, Oxford：Clarendon Press, 1996, p. 319.

③ Edmund Burke, "Unitarian Petition", in *The Writings and Speeches of Edmund Burke：Vol. 4*, General Edited by Paul Langford, Oxford：Clarendon Press, 2015, p. 492.

系。这种关系在观众和演员之间传递了一种同理心，让观众参与到他所做的每一件事中。"①抽象理论败坏了民众之间天然的道德情感，并用一种抽象的天赋权利观念加深民众间的隔阂。"我们所有人，无论贫富，都应该团结起来，反对那些煽动穷人反对他们的朋友、监护人、赞助人和保护者的邪恶的报纸作家。"②

伯克清楚地了解他在美洲问题上的支持者就有天赋权利的捍卫者。"这就是为什么他不去攻击自然权利的语言，而是忽略了对这个主题的所有讨论。"③引发支持者间的争议，或者强调理论的纯粹性都是对于共同情感的潜在威胁。政治必须为现实的问题而不是先验的普遍理论服务。虽然民众的情感是高度受到具体情况的影响，但并不等于共同情感是完全任意的。"当内阁建立在公众舆论的基础上时，它就不是建立在坚如磐石的基础上；然而，它具有一定的稳定性。"④这种稳定性来源于他们共同生活的环境，或者说习俗。

习俗又一次显现在伯克的思考之中。习俗在承担道德教化的同时，也维持着社会的共同认知。伯克反向使用了他在《改革者》中

---

①　Paul Hindson & Tim Gray, *Burke's Dramatic Theory of Politics*, Aldershot & Brookfield USA & Hong Kong & Singapore & Sydney：Avebury, 1988, p. 175.

②　Edmund Burke, "Thoughts mid Details on Scarcity", in *The Writings and Speeches of Edmund Burke：Vol. 9*, General Edited by Paul Langford, Oxford：Clarendon Press, 1991, p. 143.

③　David Bromwich, *The Intellectual Life of Edmund Burke*, London & Cambridge：The Belknap Press of Harvard University Press, 2014, p. 276.

④　Edmund Burke, "Thoughts on the Present Discontents", in *The Writings and Speeches of Edmund Burke：Vol. 2*, General Edited by Paul Langford, Oxford：Clarendon Press, 1981, p. 312.

的观点。如果可以通过道德教化的方式提升习俗，那么习俗在长期的改造中也已经蕴含许多道德的内涵。在长期的相互纠缠中，无论习俗在最初是否具有道德特征，今日的它必然包含道德的要求。因而政治家需要充分尊重传统习俗的可能价值。"社区中没有稳定的东西，道德和谐的消失会打断几代人的自然联系，威胁到文明社会的资源和智慧的传承。"①

美洲殖民地与本土的紧张关系就是这种社区稳定被破坏的表现。英国本土忽视一个非常重要的因素，即美洲殖民者对于自由极度的热爱。伯克在《论与美洲和解的演讲》列举了形成美国殖民者今日习性的六个理由。这些理由可以归纳为两个方面。一方面是传承于英国本土的自由。作为英国本土民众的后代，美洲殖民者将英国本土的自由习惯带到了新世界。"他们不仅献身于自由，而且根据英国思想和英国原则献身于自由。"②另一方面是美洲殖民地独有的特色。其中包括殖民地特殊的清教传统、南部殖民地的庄园经济、美洲殖民者对于法律职业的偏爱，以及遥远的地理距离。

在两者共同的作用下，美洲殖民者显示出比英国本土民众对于自由更强烈的偏好。"由于这些原因，一种强烈的自由精神得以成长。它随着你们殖民地民众的成长而增长，随着他们财富的增加而

---

① Charles Parkin, *The Moral Basis of Burke's Political Thought*, New York: Russell & Russell, 1956, p. 65.

② Edmund Burke, "Speech on Conciliation with America", in *The Writings and Speeches of Edmund Burke: Vol. 3*, General Edited by Paul Langford, Oxford: Clarendon Press, 1996, p. 120.

增长。"①这种对于自由不同程度的偏爱导致印花税可以在英国本土被执行，在殖民地却受到激烈反对。

伯克的结论十分直接：美洲问题的最终解决需要适应殖民者的特殊习俗。"习惯和习俗比成文法更重要，如果不符合前者，后者就注定要灭亡。"②但这一结论本身蕴含一个非常有趣的前提，即帝国需要根据殖民地的性质采取不同的管理方式。"帝国应该（也确实）根据当地情况为其居民带来和平、善政和正义。他从不认为只有一种管理方式会适合帝国的不同省份。"③强制的均一化可能反而是抽象理性所追求的结果，雅各宾派在法国大革命中的抽象选区划分就是一个典型的例子。这些以几何学为基础的选区，没有考虑到长期历史习俗和地理环境的自然演化。"从来就没有人由于一种骄傲、偏爱和真正的亲切感而依附于一种方格形划分的归属的。他绝不会因为属于第 71 号方格或任何其他号码而感到光荣的。我们是在我们的家庭里开始我的公共感情的。"④

从某种意义上来说，美国的州界可能更符合伯克所批评的几何学原则。一个可能的解释是，美洲殖民地在向西扩张的过程中，该

---

① Edmund Burke, "Speech on Conciliation with America", in *The Writings and Speeches of Edmund Burke*: *Vol. 3*, General Edited by Paul Langford, Oxford: Clarendon Press, 1996, p. 125.

② Peter Stanlis, *Edmund Burke and The Natural Law*, New Brunswick and London: Transaction Publishers, 2003, p. xxiii.

③ Frank O'Gorman, *Edmund Burke*: *His Political Philosophy*. London & New York: Routledge, 2014, p. 76.

④ ［英］柏克：《法国革命论》，何兆武、许振洲、彭刚译，商务印书馆 1999 年版，第 255 页。

地原本就不存在有效的划分，而雅各宾派的划分则是对原有区划的明确背离。问题的关键是行为背后的实质，而非表面的举措，但这种解释也存在殖民主义视角的嫌疑。对伯克而言，他在试图解决美洲问题的过程中，发现他对共同情感和习俗的重视也能用来处理更为广泛的帝国内外政治问题。

作为整体而存在的民众是这种重视第一个重要的结论。伯克指出："当大量的人在天性的纪律下一起行动，那就我所认为的民众。"①民众这一概念不是原子化个人的简单组合，而是历史生成的结果。正如伯克一贯强调的那样，不存在抽象的权利个体，任何个体都是作为现实社会关系的一部分而存在的。日常的共同生活塑造一系列共同的行为准则和道德认知，这成为群体内部相互认同的基础。只有将民众视为可以有机统一的整体，共同的道德情感才有现实的意义。

第二，习俗的产生受到具体历史和地理因素的影响，每个地区都会表现出自身的特殊性。相距越远差异越大的地方越可能产生截然不同的习俗。印度的种姓制度与英国本土对自由的追求在表面上存在明显差异，但种姓制度是印度自身历史传统塑造的产物。"这些种姓是共同体的基本组成部分，无论是在宗教还是政治中。"②

第三，偏见是习俗的自然结果。由于共同情感以各自的习俗作

---

① Edmund Burke, "Appeal from the New to the Old Whigs", in *The Writings and Speeches of Edmund Burke*：*Vol. 4*, General Edited by Paul Langford, Oxford：Clarendon Press，2015，p. 449.

② Edmund Burke, "Opening of Impeachment", in *The Writings and Speeches of Edmund Burke*：*Vol. 6*, General Edited by Paul Langford, Oxford：Clarendon Press，1991，p. 303.

为基础，习俗的差异性也代表共同情感的差异性。偏见就是这种差异性的典型表现。抽象理性的支持者往往将偏见视为一种非理性的成分加以排斥。由于以普遍模板为参照，理想的人类社会不应该存在偏见这种非理性的特殊性要素。伯克反过来强调偏见的合理性：偏见存在缺陷，但不能掩盖它的积极价值。消除偏见就是在消除历史传统本身，偏见是人类应对复杂多变事态时的稳定器。"偏见可以在紧急情况下迅速得以运用，它实现就把我们的思想纳入一种智慧和道德的稳定行程之中而不让人在决定的关头犹豫不决、困惑、疑惑以及茫然失措。偏见使一个人的美德成为习惯，而不致成为一系列毫无联系的行为。"①

伯克的想法显然在很多地方会遭遇挑战。一个典型的问题就是，如果承认习俗的特殊性，那么是否还存在衡量文明程度的标准呢？在极端的状态下，许多原始部落文明的食人习俗是否属于可以接受的部分呢？这直接引发自然法在伯克思想中是否占据关键地位的争议。但在美洲问题上，伯克没有对这种内在的裂痕作出过多描述。习俗被视为将现实和道德有效统一的载体，共同情感则建立在习俗之上。政治问题的真正解决并不寄希望于制度或者法律上，而"习惯和惯例是正义和自愿接受必要权威的坚实基础；将抽象的权利要求推到形而上学的前提下，并试图用完美的概念来管理联邦，最终必须以利益对抗利益"②。

---

① ［英］柏克：《法国革命论》，何兆武、许振洲、彭刚译，商务印书馆1999年版，第117页。

② Russell Kirk, *Edmund Burke：A Genius Reconsidered*，Peru：Sherwood Sugden & Company，Publishers，1988，p. 67.

第三节　和解与政治审慎

伯克对习俗特殊性的重视避免了强制均一化产生的许多问题，但又不得不再次陷入相对主义的困境。我们完全可以假设，当两个相距遥远的国家产生两者截然相反的习俗时，双方更容易处于某种紧张的对立之中。更为关键的是，诸如食人这样在部分原始部落盛行的习俗，伯克又应该如何加以对待？"政治应该充分考虑每一历史现象的特殊特性。但这种心态滋生了一种采取激烈行动的彻底胆怯。"①习俗的特殊性容易沦为维持现状的借口。

伯克不关心这种形而上学的推论。一切问题只能在具体的事态中被阐明。波士顿倾茶事件之后，英国本土与美洲殖民地间的关系迅速恶化。伯克被迫继续被抛入美洲问题中，在日益激化的环境中寻找和解的方案。"伯克呼吁为帝国的伟大而自豪，希望通过解释帝国的本质来维护帝国的统一，并展示英国主权和殖民地自由之间的兼容性。"②

对于美洲殖民地而言，英国本土反复无常的做法严重影响了信任的纽带。从印花税法案开始，本土的做法是对殖民地惯例的不断挑战。殖民地的反对往往只能取得暂时性效果。从征收内部税再到

---

① Frank O'Gorman, *Edmund Burke：His Political Philosophy*. London & New York：Routledge，2014，p. 87.

② Carl Cone, *Burke and the Nature of Politics The Age of the American Revolution*, Kentucky：The University of Kentucky Press，1957，p. 261.

征收外部进口税，本土始终没有放弃在没有殖民地代表的情况下对殖民地征税。"不管法律上有什么讲究，美国人认为这种权力不过是赤裸裸的权力，并认为行使这种权力是暴政。"①

对英国本土而言，美洲殖民地的举措是毋庸置疑的非法反抗，是对于帝国权威的挑衅，这种挑衅背后是美洲殖民地对自身特殊利益无穷无尽的追求。印花税法案在本土和美洲殖民地的差异表现，令本土怀疑殖民地缺乏忠诚和同理心。"对政治义务的蔑视和对自由的无节制的热爱"②才是对帝国权威和秩序的威胁。如果今天允许废除茶叶法案，那么明天美洲殖民地也有可能要求推翻航海法案。大部分议员认为需要对美洲殖民地展现更为强硬的态度。议会迅速通过包括波士顿港口法案、司法行政法案等一系列立法，意图增加对美洲殖民地的控制。

伯克否认议会做法的有效性，在民众普遍不满的情况下诉诸严格的刑事法律不能解决问题。他写道："在我看来，把普通的刑事司法观念应用于这场巨大的公众不满是狭隘和迂腐的。我不知道如何起草一份针对全体人民的起诉书。"③普遍不满引发的反抗是一个政治问题，而议会的做法将政治问题降格为一个纯粹的治理问题，

---

① James Conniff, *The Useful Cobbler*: *Edmund Burke and the Politics of Progress*, New York: State University of New York Press, 1994, p. 195.

② David Bromwich, *The Intellectual Life of Edmund Burke*, London & Cambridge: The Belknap Press of Harvard University Press, 2014, p. 228.

③ Edmund Burke, "Speech on Conciliation with America", in *The Writings and Speeches of Edmund Burke*: *Vol. 3*, General Edited by Paul Langford, Oxford: Clarendon Press, 1996, p. 132.

认为采用单纯的法律手段就可以压制这种不满。政治家应该展现比法律人士更大的视野，关注美洲问题的实质。

魁北克法案问题更是严重加剧美洲殖民者的焦虑。魁北克是英国在七年战争中从法国夺取的新殖民地，该殖民地在人员构成和风俗习惯上具有强烈的法国特征。本土议会决定授予该地区一定的特权，保持部分基于法国传统的制度，共同情感的日益弱化使得美洲殖民者担忧本土议会将这种法国式的制度扩展到美洲殖民地的其他部分。伯克对待这一法案的态度十分微妙。一方面，这一立法不但既符合伯克对习俗特殊性的赞赏，有助于巩固对魁北克地区的统治，也符合伯克寻求对天主教宽容的期望。另一方面，美洲殖民者的激烈反对使得伯克难以公开对法案表示赞扬。这也指出习俗特殊性的另一个问题，即帝国内部不同习俗相互冲突时是否存在有效的调解方式。

伯克采取的方式是一种调和的论调。他在允许一定程度的法国制度的同时，试图将英国的陪审团制度植入其中。他认为陪审团制度是一种可以被前法国殖民地接受的制度。"至于那些不为法国人所尊重的英国法律，他可以写出一大堆法国人写的关于我们法律的公正和卓越的书籍，在这些书中，他们赞成陪审团审判是我们宪法所产生的最伟大的优点之一。"①

1776 年，伯克最糟糕的预感成为现实。随着美洲殖民地宣布独

---

① Edmund Burke, "Thoughts on the Present Discontents", in *The Writings and Speeches of Edmund Burke*: *Vol. 2*, General Edited by Paul Langford, Oxford: Clarendon Press, 1981, p. 473.

立，本土和殖民地正式陷入战争，包括伯克在内的大部分人不看好这场战争的前景。美洲殖民地的失败将严重影响英国一直以来的自由传统，他充满悲哀地指出："为了证明美国人不应该获得自由，我们不得不贬低自由本身的价值；我们似乎从来没有在辩论中获得比他们更微不足道的优势，而不去攻击那些我们的祖先为之流血牺牲的一些原则，或嘲笑那些感情。"①本土的胜利将成为暴政和内乱的新起点。

伯克对未来的忧虑使得他成为美洲战争最强烈的反对者，他不惜推动整个罗金汉姆辉格党退出议会进行抗议，只不过无论是罗金汉姆侯爵还是里士满公爵都展现出伯克所描写的惰性。出人意料的是，迅速的胜利演变成漫长的拉锯战，美洲殖民地意料之外的韧性给予伯克希望。他指出，长期的战争给予了外国特别是法国干涉的借口，"300 万大不列颠的臣民正在法国的武器中寻求对英国特权的保护"②，这种连锁反应极有可能导致英国再一次陷入七年战争的焦灼之中。

问题是，本土民众的情绪最为激烈地反对与美洲殖民地的妥协，即便是与美洲殖民地联系密切的商业和制造业阶层也赞同本土加强对于殖民地的管控。更为重要的是，虽然部分产业受到损害，

---

① Edmund Burke，"Speech on Conciliation with America"，in *The Writings and Speeches of Edmund Burke*：*Vol. 3*，General Edited by Paul Langford，Oxford：Clarendon Press，1996，p. 127.

② Edmund Burke，"Quebec Bill"，in *The Writings and Speeches of Edmund Burke*：*Vol. 3*，General Edited by Paul Langford，Oxford：Clarendon Press，1996，p. 300.

但更多的产业却从战争中发现了新的利润。伯克不得不悲哀地承认，"民众的情绪致力于当前的道路，因此没有什么可以扭转政府的强大力量"①。在这种情况下，和解似乎是一个极具政治勇气的态度。事实亦是如此。虽然伯克失去布里斯托的议席与他支持爱尔兰的自由贸易直接相关，但他在美洲问题上不受欢迎的态度也是一个重要因素。

面对民众情绪的狂热，伯克求助于政治审慎。"审慎，以及对一个国家财力的冷静审查，是一个政治家的首要目标。这是对一个资源明显衰败民族的热情疯狂呼吁，在几乎每件事情都取决于战争、人员和金钱真正力量的情况下，它能使他们渡过难关。"②灵活性是审慎的突出特征。审慎的天然优势就在于在各方利益诉求相互矛盾的状态下，提供平衡和妥协的可能性。

政治生活要求政治家在各种复杂的具体态势之中作出选择。"谨慎的人当涉及政府的安全与和平处于危险之中这样的巨大议题之时，是不会实行一个可能致命的决定。"③民众可以偶尔放任自己的情绪，政治家则需要以更为严谨的态度对待自身。他们需要对国家负责，对民众负责，对整体负责。政治制度是通过具体的人运

---

① Richard Bourke, *Empire and Revolution：The Political Life of Edmund Burke*, Princeton & Oxford：Princeton University Press, 2015, p. 491.

② Edmund Burke, "Army Estimates", in *The Writings and Speeches of Edmund Burke：Vol. 3*, General Edited by Paul Langford, Oxford：Clarendon Press, 1996, p. 396.

③ Edmund Burke, "Thoughts on the Present Discontents", in *The Writings and Speeches of Edmund Burke：Vol. 2*, General Edited by Paul Langford, Oxford：Clarendon Press, 1981, p. 282.

作，"它的很大一部分必须依赖于权力的行使，而这些权力是由大臣们的审慎和正直所决定的"①。政治家有必要调和民众过于狂热的情绪，在审慎的指导下，作出符合民众长远利益的决策。

伯克的政治审慎建立在一种不彻底的怀疑论之上。它是怀疑主义和经验主义相互交叉的结果。这主要体现在以下三点。

第一，是对于抽象理性的怀疑。与休谟一样，伯克对抽象理性是否能够真正把握因果关系存在质疑。人类历史的演变可能超出了个体思考能力的范围。正如伯克一开始指出的那样，抽象理论只能导致对历史的有意裁剪，这种过度拟合只会在历史的现实中被摧毁。"以为人类在现实生活中，会遵循关于政府或自由的纯理论的原则，而不惜走到其逻辑的结果，是大错特错。"②

第二，由过去经验塑造的熟悉事物是人类行动的参考系。人类认识能力的有限性意味着必须接受现实世界的不确定性，而日常生活中所熟悉的事物可以极大程度缓解这种不确定性。从这种角度看，对于陌生事物的恐惧是一件合理的事情，但陌生同时等同于高度的潜在不确定性。"不确定本身就是如此地骇人，以至于我们常常竭力避免它的出现，即便冒着可以确定的危险，我们也要如此选择。"③

①　Edmund Burke，"Thoughts on the Present Discontents"，in *The Writings and Speeches of Edmund Burke*：*Vol. 2*，General Edited by Paul Langford，Oxford：Clarendon Press，1981，p. 277.

②　Edmund Burke，"Speech on Conciliation with America"，in *The Writings and Speeches of Edmund Burke*：*Vol. 3*，General Edited by Paul Langford，Oxford：Clarendon Press，1996，p. 157.

③　［英］埃德蒙·伯克：《关于我们崇高与美观念之根源的哲学探讨》，郭飞译，大象出版社 2010 年版，第 73 页。

在这种潜在的不确定面前，尽可能保持慎重才是理智的选择。

第三，怀疑主义要求对熟悉的事物也需要保持一定的怀疑。由于缺乏确认他人内心真实想法的能力，人类只能通过外在行为的连续性判断其态度，但这不足以完全避免被欺骗的可能性。"在友谊的职业中，人太容易被骗了，这使一个智者在一生中谨慎行事。"①在政治博弈中，轻信是一种可能会招致毁灭的严重错误。

伯克的政治审慎依赖相似性判断。霍布斯指出，审慎本质上是一种经验性归纳。"理性不像感觉和记忆那样是与生俱来的，也不像慎虑那样单纯是从经验中得来的。"②经验归纳在赋予审慎以灵活性同时，也产生了一个典型的休谟式问题。审慎只能告诉我们石头每天在阳光下会变热，却不能够断定明天是否会变热。在全新的事物面前，审慎很有可能无能为力。甚至伯克自己也承认，"在新情况下，谨慎在回溯（retrospect）的基础上什么都做不到"③。

伯克的辩护策略可以分为以下两个方面。一方面，原则和例外不是相互排斥的关系。原则之所以能被称之为原则，是因为它允许例外。他写道："我不会把抽象的概念完全排除在任何问题上，因

---

① Edmund Burke, "Fourth Letter on a Regicide Peace", in *The Writings and Speeches of Edmund Burke*: *Vol. 9*, General Edited by Paul Langford, Oxford: Clarendon Press, 1991, p. 80.

② ［英］霍布斯：《利维坦》，黎思复、黎廷弼译，杨昌裕校，商务印书馆2010年版，第32页。

③ Edmund Burke, "Thoughts on French Affairs", in *The Writings and Speeches of Edmund Burke*: *Vol. 8*, General Edited by Paul Langford, Oxford: Clarendon Press, 1989, p. 364.

为我知道，在这个名字下，我应该摒弃原则。"①原则并不是从理性中推导出来，而是从经验中归纳而成。"审慎的作用就是弥补原则的不足，以满足实践的需要。"②原则不可能在每一具体态势之中发挥同样的作用，但是"偶然违反理性所产生的堕落，与原则本身的堕落有着天壤之别"③。特例之所以是特例，就在于它的罕见性。这种罕见性不等于没有原则。"如果例外变得频繁，也就是取消了原则"④，或者更准确地说，产生了新的原则。

另一方面，审慎可以与其他方法相互合作，保持开放的可能性。伯克指出，亨利一世正是通过"他一贯审慎的管理与武力相结合"⑤，达成与教宗之间的平衡。伯克也批评格伦维尔没有掌握谨慎的尺度。"他的矜持可能是谨慎的，但它没有显示出他被大力赞扬的那种坚定性。"⑥审慎是政治家所普遍遵循的方法与它不是唯一

---

① Edmund Burke，"Parliamentary Reforms"，in *The Writings and Speeches of Edmund Burke*：*Vol. 4*，General Edited by Paul Langford，Oxford：Clarendon Press，2015，p. 489.

② Francis Canavan，*The Political Reason of Edmund Burke*. Durham：Duke University Press，1960，p. 25.

③ Edmund Burke，"Thoughts on French Affairs"，in *The Writings and Speeches of Edmund Burke*：*Vol. 8*，General Edited by Paul Langford，Oxford：Clarendon Press，1989，p. 293.

④ Edmund Burke，"Tracts relating to Popery Laws"，in *The Writings and Speeches of Edmund Burke*：*Vol. 9*，General Edited by Paul Langford，Oxford：Clarendon Press，1991，p. 459.

⑤ Edmund Burke，"An Essay towards an Abridgment of the English History"，in *The Writings and Speeches of Edmund Burke*：*Vol. 1*，General Edited by Paul Langford，Oxford：Clarendon Press，1997，p. 491.

⑥ Edmund Burke，"'Tandem' to the Public Advertiser"，in *The Writings and Speeches of Edmund Burke*：*Vol. 2*，General Edited by Paul Langford，Oxford：Clarendon Press，1981，p. 92.

的方法之间并不矛盾。它在具体的情况下与其他各种不同的方法相互搭配，保证自己的灵活性。当审慎与其他方法发生冲突时，这有赖于每个人对具体情况的理解和把握。

审慎与其他方法的配合也许没有问题，但与理性的关系可能没有那么融洽。"在伯克所有的演讲和政治著作中，对抽象思辨思想的明确或假定的直接对立是政治审慎。沉溺于抽象的思索而不违反审慎的原则是不可能的。"①审慎与理性在具体的事态中难以避免地会发生冲突。

伯克认为，除了在抽象的理论之中，这两种方法存在调和的空间。在理论上看无法解决的问题，不代表在现实中也无法解决。前提是不在政治领域进行完全抽象理性的推论。这种极端的推论缺乏现实意义，只能作为纯粹的智力游戏对待。伯克不否定理性在方法论中的重要性，在具体的政策操作层面，计算理性反而是必要的，重点在于理性必须服从审慎的指导。"一个特定的政治行为或政策可能以明确的对象为目标。但它不能只以此为目标。因为目标永远是整个社会福利的一部分或一种方式。"②

但作为方法论的审慎自身存在一些需要解决的问题。第一，如果审慎是一种纯粹的方法，就像对理性的错误推论一样，一个老谋深算的阴谋家可能比莽撞的敌人更为危险。第二，审慎本身也存在

---

① Peter Stanlis, *Edmund Burke and The Natural Law*, New Brunswick & London: Transaction Publishers, 2003, p. 103.

② Francis Canavan, *The Political Reason of Edmund Burke*. Durham: Duke University Press, 1960, p. 9.

过度与不及的问题。过分的慎重可能导致无法行动，缺乏审慎的行动会导致鲁莽和冒进。伯克的解决方案是将审慎提升为一种德行，甚至是诸德行之首。

审慎的经验性来源阐明审慎与习俗之间存在紧密的联系。"所有的政府，所有的人类利益和享受，每一种德行，每一种谨慎的行为，都建立在妥协和物物交换的基础上。"①为尽可能保障自己的利益，人类需要小心翼翼地考察各种情况，避免作出轻率的决策。审慎是人类漫长历史中自然形成的结果，它本身就是人类集体智慧的体现，是一种德行。

审慎的重要性，不在于它在各个具体文明中的强弱程度，而在于其不可或缺性。审慎"是所有德行的女王，并且是任何的德行"②。对于任何德行而言，无论是正义还是勇敢，都必须在具体的事态之中才能得以展现。为了防止过度与不及，它们必须借助审慎的态度，寻找到最为合适的状态。换言之，审慎自身是最有可能保持中道的德行。如果审慎都无法保持这点，那么其他的德行就更不可能做到。"审慎是获得德行的必要工具；如果一个人要正确地判断如何应对特定的环境，那就是必要的实践智慧。"③

---

① Edmund Burke, "Speech on Conciliation with America", in *The Writings and Speeches of Edmund Burke*: *Vol. 3*, General Edited by Paul Langford, Oxford: Clarendon Press, 1996, p. 157.

② Edmund Burke, "Second Letter on a Regicide Peace", in *The Writings and Speeches of Edmund Burke*: *Vol. 9*, General Edited by Paul Langford, Oxford: Clarendon Press, 1991, p. 295.

③ Bruce Frohnen, *Virtue and The Promise of Conservatism*, Kansas: University Press of Kansas, 1993, p. 26.

从伯克对于德行的阐释中可以发现一种浓厚的亚里士多德的痕迹。"德行的本质，对亚里士多德来说，也是德行的问题；德行的本质使它的实践变得困难。"①德行是具体环境的产物，而伯克的审慎，是为了在具体的实践中找到最为合适的点，他的怀疑主义迫使他对于熟悉的人和物也保持谨慎。审慎的尺度没有标准答案，"当他知道任何一个人都是好人的时候，他就会对他产生一种完全的信心，这就阻止他的谨慎变成了一种恶习"②。在《论与弑君者的和平》的第一封信中，他更是承认："有一种勇敢的智慧；也有一种错误卑鄙的谨慎，结果不是谨慎，而是恐惧。"③

伯克将审慎视为一种中道政治必要的品质，它的灵活性就是反对狂热的最佳方式。无论是宗教狂热抑或是未来法国革命中的理性狂热，当所有人都沉浸于对自身绝对正确的狂热之中，审慎是维持稳定和秩序的最后良方。"审慎是节制的道德美德；它补充了勇气，使道德约束和行动都成为实践的必要性。"④

随着美洲战事日益颓废，美国殖民地和本土的共同情感已经在战争中变得难以挽回。在多次的胜利和法国人的支持下，大多数美

---

① Bruce Frohnen, *Virtue and The Promise of Conservatism*, Kansas: University Press of Kansas, 1993, p. 25.

② Edmund Burke, "An Essay towards an Abridgment of the English History", in *The Writings and Speeches of Edmund Burke*: *Vol. 1*, General Edited by Paul Langford, Oxford: Clarendon Press, 1997, p. 477.

③ Edmund Burke, "First Letter on a Regicide Peace", in *The Writings and Speeches of Edmund Burke*: *Vol. 9*, General Edited by Paul Langford, Oxford: Clarendon Press, 1991, p. 193.

④ Peter Stanlis, *Edmund Burke and The Natural Law*, New Brunswick & London: Transaction Publishers, 2003, p. 120.

洲殖民者已经不再满足于帝国体系内的自治。"伯克一认识到和解是不可能的，就开始重新考虑的过程，最终以接受美国独立而告终。"①随着 1781 年罗金汉姆内阁的二次上台，英国本土立即开始与殖民地更为积极的谈判。次年，由于罗金汉姆的去世，谢尔本伯爵内阁最终达成与美洲的和平协议。

伯克对美洲问题的处理是他第一次对帝国政治的思考。他展现出一种充满远见的态度，以及对未来悲剧性的准确预测。但令人遗憾的是，伯克在理论上的成功难以掩盖在实践上的失败。在整个美洲情势不断恶化的过程中，罗金汉姆辉格党人缺乏力量扭转局面。伯克认为，"罗金汉姆辉格党人的普遍错误，来自古代贵族阶层的惰性：他们的性格中有太多先前的财富，以至于他们可能认为，通过现在的努力，他们什么也得不到"②，这种无所作为最终导致不列颠永远失去了帝国的西部。

帝国的危机远不止于西方。在 18 世纪 70 年代，关于东印度公司的投诉和反对就不断传达到本土议会中。"在英国，人们越来越感觉到印度帝国的一切都不尽如人意，因此在 1770 年代和 1780 年代进行了一系列的改革努力。"③美洲的独立加剧了这种担忧。对于在 1781 年担任下议院东印度特别事务委员会主席的伯克来说，政治现实与道德的冲突将再一次激荡在他的理论和实践之中。

---

① James Conniff，*The Useful Cobbler：Edmund Burke and the Politics of Progress*，New York：State University of New York Press，1994，p. 207.

② Richard Bourke，*Empire and Revolution：The Political Life of Edmund Burke*，Princeton & Oxford：Princeton University Press，2015，p. 310.

③ Frederick Whelan，*Edmund Burke and India Political Morality and Empire*，Pittsburgh：University of Pittsburgh Press，1996，p. 41.

第五章　印度问题与自然法

　　伯克对于美洲问题的敏锐把握体现他作为政治家的优秀素质。他试图调和殖民地和本土之间日益扩大的裂痕，维系帝国的完整与秩序。为了达成这一目的，他倾向在帝国不同的部分采取不同的制度。"殖民地已经从单纯的贸易公司发展到享有虽然从属但实质性的共同体的地位。从伯克的角度来看，他们有代表性的议会，即使他们的权威对威斯敏斯特的议会负责，他们的法令也应该得到尊重。"①从某种意义上，伯克的尝试为以后的联邦乃至邦联提供了灵感。"伯克的美洲思想导致他放弃了传统的帝国概念，取而代之的是接近现代的自由国家联合体的概念。"②

　　伯克本人对这种联邦制的未来缺乏清晰认识，他的直接动机更多来自恢复殖民地和本土的历史联系。他的基本想法依旧来源于在《英国史散论》中奠定的理解，即统治的改善。美洲问题的不断恶

---

　　①　Richard Bourke, *Empire and Revolution*: *The Political Life of Edmund Burke*, Princeton & Oxford: Princeton University Press, 2015, p. 281.

　　②　Frank O'Gorman, *Edmund Burke*: *His Political Philosophy*. London & New York: Routledge, 2014, p. 81.

化，也导致伯克日益依赖习俗这一早期他最为重视的把手。习俗本身蕴含道德和现实融合的可能性。"自由是社会经验、惯例和妥协的产物，而不是原始的、不可改变的性质"①，美洲殖民地的自由和本土的自由存在历史联系，但在具体的环境和历史中发生了不同的演化，对美洲的统治必须以它独特的习俗作为基础。

与《改革者》中的伯克相比，进入议会中的他日益看中习俗的积极价值，这与人数最密切相关。《改革者》的直接目的是关注爱尔兰，或者更明确地说，关注都柏林的道德教化。当它扩展到整个本土，乃至整个帝国时，改变习俗是一件更加困难的事情。伯克不得不承认，"在我们殖民地盛行的脾气和性格，恐怕是任何人类技艺都无法改变的"②，容纳更多人的习俗蕴含更多的集体智慧，个人在集体智慧面前需要保持更大的谦卑。

美洲问题也让伯克从一个初入议会的新手蜕变为一名拥有声望的政治家。他已经不能被单纯视为罗金汉姆的附庸，他对于布里斯托席位的挑战本身亦证明自身的政治能量。但在一个日益扩张的全球帝国之中，美洲问题只是其中一个重要的问题，帝国在东部的统治同样重要。印度是伯克关注的另一个焦点，这也是一个国内较为忽视的研究方向。事实上，伯克对印度问题的关注从 18 世纪 70 年代就已经开始，并且持续到他从议会退休。

---

① Russell Kirk, *Edmund Burke: A Genius Reconsidered*, Peru: Sherwood Sugden & Company, Publishers, 1988, p. 73.

② Edmund Burke, "Speech on Conciliation with America", in *The Writings and Speeches of Edmund Burke: Vol. 3*, General Edited by Paul Langford, Oxford: Clarendon Press, 1996, p. 130.

伯克在印度问题上的发言大致可以分为两个阶段。第一阶段是特别委员会的设立和对东印度公司的调查，第二阶段则是对时任东印度公司总督黑斯廷斯的弹劾。第二阶段是伯克和黑斯廷斯冲突的高潮。在这场弹劾中，伯克展现出前所未有的对道德的重视和捍卫。本章试图指出，印度与本土的巨大差距更迫使伯克不得不解决道德普遍性的问题。他必须在没有缺乏前例的情况下，将非基督教文明地区纳入帝国的统治之中。

第一节　东印度公司问题

英格兰，或者说不列颠东印度公司最初是一家商业公司。由于本土和印度之间的遥远距离，商人需要通过相互联合的方式增加风险的抵抗能力。对于本土政府而言，东印度公司也是一个方便的政策工具。通过赞助而非直接参与的方式，本土政府在降低管理成本的同时，获得了政治上的灵活性。从一开始，英格兰东印度公司就不是一个纯粹的商业公司，它是整个殖民帝国不可或缺的一环。英国与荷兰的多次战争，也与两家东印度公司争夺香料来源密切相关。

随着不断的扩展，东印度公司在印度享有了越来越多的权利。为了适应新形势的变化，东印度公司在 1709 年进行重组。从一开始的特许经营再到商业垄断，东印度公司逐渐拥有自己的舰队、士兵和治外法权。"东印度公司的特许状最初授予其商业垄断权，偶然间变成了统治特许状。"①18 世纪 50 年代和 60 年代的胜利，迫使莫卧儿皇帝不得不将部分地区的征税权授予东印度公司。到了 18 世纪 70 年代，东印度公司已经演变为一个事实上的统治机构。作为一家名义上的公司，它统治包括孟加拉、马德拉斯、孟买在内的大片领土和城市。

东印度公司的现状显然与它设立时的目的存在显著差别。本土议会注意到东印度公司继续做大的风险，东印度公司成为事实上的独立王国可能损害英国本土权威。"不列颠对这种情况的有害后果的普遍认识，这导致 1770 年代和 1780 年代议会对公司制度的控制，并构成伯克本人攻击公司在印度统治的背景。"②但这种控制受到两个方面的挑战。一方面在帝国内部。东印度公司通过长期的贸易垄断，已经成为一个强大的利益集团，垄断的利润成为公司游说本土议员的重要支撑。另一方面，在与其他殖民帝国的争斗中，英国本土依赖东印度公司提供的贸易收入。尤其是在与法国的斗争中，本土议会不得不授予东印度公司更多的自由，对抗法国在印度的可能挑战。

伯克在东印度公司的问题上，再次展现出一种前后不一的态度。他与印度问题的首次接触发生在他刚进入议会的时候。他与其他罗金汉姆辉格党人反对诺斯内阁对东印度公司的干涉，加强监管

---

① Richard Bourke，*Empire and Revolution：The Political Life of Edmund Burke*，Princeton & Oxford：Princeton University Press，2015，p. 562.

② Frederick Whelan，*Edmund Burke and India Political Morality and Empire*，Pittsburgh：University of Pittsburgh Press，1996，p. 33.

破坏了公司的原始章程。伯克的态度甚至使得他被邀请成为一个监察委员会的主席，前往加尔各答调查情况。伯克最终拒绝了这一邀请。"伯克拒绝了，相反，经验丰富的公司职员黑斯廷斯被从马德拉斯调到孟加拉，作为总督进行改革，这就消除了一种耐人寻味的可能性，即伯克本人可能扮演了他后来猛烈谴责的那个人。"①初入议会的伯克在印度问题上的立场可能更多受到党派的影响。在 1774 年的议会发言中，他承认对于印度问题没有特别充分的了解，他对印度问题的关注更多来自他作为议员的责任。

与其他问题一样，伯克与印度问题的深度接触是事件的结果，而非思想的兴趣。1777 年，马德拉斯问题被摆到了议会的面前。与孟加拉地区不同，东印度公司对马德拉斯地区的控制主要集中在几个沿海城市上。为了应对法国的可能威胁，公司需要通过同盟和附庸加强自己的实力。公司支持穆罕默德·阿里成为纳瓦布（即"总督"），并与他形成同盟关系，这种同盟关系通过七年战争得以巩固。但这种同盟关系也不可避免地将公司卷入印度南部的政治斗争中。出于利益和安全的多重考量，公司及其穆斯林盟友将坦焦武尔的印度王公视为潜在的威胁。为了应对愈发不利的局面，伯克的朋友威尔·伯克被任命为坦焦武尔王公的代理人。

威尔·伯克的介入使得伯克第一次有机会介入具体的印度问题。在威尔·伯克的影响下，伯克将马德拉斯地区的争斗理解为一

---

① Frederick Whelan, *Edmund Burke and India Political Morality and Empire*, Pittsburgh: University of Pittsburgh Press, 1996, p. 43.

种公司推动乃至主导的不义之战。坦焦武尔被描绘为一个统治良好的独立国家。"对任何一个国家来说，如果它是在其自然主权者的统治下建立起来的，一个在情感、礼仪和宗教上与臣民相联系的主权者，同时又在绝对服从这个王国利益的状态下建立起来的，这种建立在正义和良好政策的基础上的国家，似乎是过于牢固的，使推翻它的承诺成为一个花言巧语的计划。"①

与此相反，纳瓦布被认为是一个残酷的伊斯兰统治者，对权力和扩张拥有无尽的渴望。公司则看到坦焦武尔富裕的人口和肥沃的土地，将其视为增加税收和利润的肥羊。"公司的目标不是良好的治理，而是公司的利润。值得注意的是，它所寻求的利益是政治性的，而不是严格意义上的商业利益。"②公司和纳瓦布的进攻是对一个美好国家灾难性的破坏，他们的代理人为此辩护说，这是"把这个国家的君主和他的人民交到一个伊斯兰教暴君的手中，这个暴君是这个君主和人民痛苦的、不可饶恕的敌人"③。他转而支持诺斯内阁以前的立场，同意对宪章进行修改，将东印度公司划归议会和政府的直接管辖。

公正地说，伯克在马德拉斯问题上的态度并不公允，他强烈偏向性的态度赋予印度王公一种浪漫化的统治形象。黑斯廷斯统治下的东印度公司扮演了破坏性角色，他们摧毁了印度田园牧歌式的自

①③　Edmund Burke，"Policy of Making Conquests for the Mahometans"，in *The Writings and Speeches of Edmund Burke*：*Vol. 5*，General Edited by Paul Langford，Oxford：Clarendon Press，1981，p. 46.

②　Richard Bourke，*Empire and Revolution*：*The Political Life of Edmund Burke*，Princeton & Oxford：Princeton University Press，2015，p. 517.

然状态。与伯克同时代的人，特别是自由主义者，持有和他相似的观点。"欧洲殖民者诚然欺压了王公们，但更多时候是通过这些王公的手欺压可怜的当地居民：为了满足东印度公司的勒索，当地王公必须以空前冷酷和高效的手段榨取不幸的民众。"①

颇具讽刺性的是，当代历史学家倾向认为伯克在马德拉斯问题上存在两个典型的问题。第一是对问题的过分简化。法国人的挑战是一个潜在的现实困境，公司在战略上有必要加强对马德拉斯的控制。第二是对事实的错误判断。伯克对于坦焦武尔的描述不符合实际情况：在当时，它不是一个有效独立的政治实体，伯克却人为抬高坦焦武尔以符合他的描述。这两个问题恰恰是《英国史散论》所批评的重点。

伯克的反对者将他的表现视为党派分子和投机取巧的再次证明；正如他作为纽约在本土议会的代理人一样，伯克很有可能从威尔·伯克的代理人身份中获得某些现实利益。伯克的同情者则将表现视为遥远距离所产生的善意错误。他被迫在信息不充分的情况下，作出自己的判断。对于伯克个人动机的考察已经陷入历史的迷雾之中，更为值得关注的则是伯克在东印度问题上的相反态度是否存在思想一致性。

伯克的态度变化皆出自他一直以来对英国政治制度的维护上。一方面，对于伯克而言，东印度公司在理论上是一个纯粹的商业公

① ［英］约翰·莫雷：《埃德蒙·伯克评传》，刘戎译，上海：上海社科院出版社 2018 年版，第 133—134 页。

司。"大宪章是约束权力，摧毁垄断的宪章。东印度宪章是建立垄断和创造权力的宪章。"①商业和政治是两种性质上存在差别的事情。作为商业公司的东印度公司，它与其他公司没有差异，以增加自身的利润作为目的。东印度公司的贸易内容赋予其跨国性特征。东印度公司在获得英国国王特许经营的同时，也从莫卧儿皇帝获得特许征税的权利。"因为当公司在印度获得这一职位后，一家英国公司就成为莫卧儿帝国的一个组成部分。"②这意味东印度公司不仅对英国国王负有义务，对莫卧儿的皇帝亦是如此。

从原则上看，自由贸易产生于人在社会中的相互交换。由于个人产品的有限性，无论是什么样的社会，都有这种交换的需要。交易对象之间最有可能对自己的利益负责。英国政府的目标应该尽可能保证商业的畅通，避免对贸易过程施加过多的限制。人为抬高或者压低价格，只会导致供需的进一步失衡。"接着，轮子转了一圈，被控诉的邪恶以更重的重量落在了控诉者身上。"③换言之，破坏东印度公司的贸易模式，等同于破坏长期以来形成的惯例和习俗，这本身是对英国政治制度基础的潜在威胁。

---

① Edmund Burke，"Fox's India Bill"，in *The Writings and Speeches of Edmund Burke*：*Vol. 5*，General Edited by Paul Langford，Oxford：Clarendon Press，1981，p. 384.

② Edmund Burke，"Opening of Impeachment 15 February 1788"，in *The Writings and Speeches of Edmund Burke*：*Vol. 6*，General Edited by Paul Langford，Oxford：Clarendon Press，1991，p. 281.

③ Edmund Burke，"Thoughts and Details on Scarcity"，in *The Writings and Speeches of Edmund Burke*：*Vol. 9*，General Edited by Paul Langford，Oxford：Clarendon Press，1991，p. 127.

王权扩张是初入议会的伯克更现实的担忧。印度事务的复杂性意味着需要作出快速的应对，政府往往比内阁在这方面拥有更明显的优势。东印度公司本身也建立在王室的特许经营权之上，将东印度公司的权力完全收归本土，最有可能增加王权的力量。国王的权力扩张是 18 世纪 60 年代伯克认定的对英国政治制度最大的威胁，无论乔治三世是否行使这种力量，这种力量掌握在雄心勃勃的国王身上就足以令伯克感到不安。"伯克认为有必要捍卫公司的独立性，防止其收入落入王室之手。"①

另一方面，黑斯廷斯对东印度公司的管理彻底破坏了原有的结构。在黑斯廷斯上台前，东印度公司"拥有所有的实权，却没有任何令人反感的外表"②。在其上台之后，东印度公司演变为一个同时追求商业利益和政治统治的双料机构。"东印度公司似乎并不是一家为英国商业扩张而成立的公司，但事实上，这个王国的整个权力和主权都被派往东方。"③从英国的传统看，对于贸易的需求是建立在政治性权力的保护之下。东印度公司却颠倒了这一过程，政府服从于贸易和扩张的需求。这一混同出现了两个典型结果，即战争目的的经济化和公司组织的官僚化。

---

① Frank O'Gorman, *Edmund Burke：His Political Philosophy*. London & New York：Routledge，2014，p. 112.

② Edmund Burke, "Opening of Impeachment 16 February 1788", in *The Writings and Speeches of Edmund Burke：Vol. 6*, General Edited by Paul Langford，Oxford：Clarendon Press，1991，p. 342.

③ Edmund Burke, "Opening of Impeachment 15 February 1788", in *The Writings and Speeches of Edmund Burke：Vol. 6*, General Edited by Paul Langford，Oxford：Clarendon Press，1991，p. 283.

第一，东印度公司是完全基于经济目的发动战争。获得原材料产地、扩大贸易范围、控制贸易航道地位成为东印度公司发动战争的依据。而这一切的目的是为了维持自身的经济垄断地位，保证利润最大化。这也是殖民扩张主义者采用的典型论调。在这一目的之下，他们可以肆意侵犯统治良好的国家，也可以破坏国家原有的稳定结构。"贸易和战争变得相互依存；事实上，在亚洲的商业殖民地，它们从未被明确分开过。对资源的需求鼓励了对领土的需求，影响了公司的政治野心。"①从强制的商业作物种植到人口的大规模被动迁徙，东印度公司成为无情的商业政治机器，纳瓦布对坦焦武尔的入侵就是一个典型的例子。伯克甚至暗示公司才是战争真正的主导者。"纳瓦布已经成为一个纯粹的傀儡统治者，仅仅作为其财政责任的主体而被保留下来"②，坦焦武尔的入侵很有可能是东印度公司给予他的任务。

第二，东印度公司的日益官僚组织化。伯克承认腐败可能是人性的普遍缺点，甚至认为人类无法完全避免这种恶习。但黑斯廷斯的治理将腐败系统化，全体员工实际上成为整个公司政策的受益人。公司员工的利益与公司捆绑在一起，使得他们成为公司政策的支持者。这种共同利益将他们塑造为一个独特的共同体。"他们成了一个管理者建立的国家。他们是一个共和国，一个没有人民的共

---

① Richard Bourke, *Empire and Revolution*: *The Political Life of Edmund Burke*, Princeton & Oxford: Princeton University Press, 2015, p. 342.

② Frederick Whelan, *Edmund Burke and India Political Morality and Empire*, Pittsburgh: University of Pittsburgh Press, 1996, p. 110.

同体。"①内部调查无济于事，外部调查的效果也值得怀疑。英国本土派出的调查者缺乏对印度的了解。"他们是印度的陌生人，只能从纳瓦布或公司的仆人那里获得事实和政治方面的信息"②，唯一能够破坏这种团体的办法只有高强度的外力干预或者团体内部已经将所有可获得的资源消耗殆尽。

政治和商业这两种相反性质的需求将东印度公司转变为完全缺乏约束的利益集团，它"不仅充斥权力滥用，而且是世界上可能存在过的最腐败和最具破坏性的暴政之一"③。可能的暴政激发了伯克两个潜在的忧虑。在帝国内部，普遍的腐败意味不受约束的权力，不受约束的权力是暴政的诱因，暴政最终产生普遍的不满——美洲问题就始于殖民地民众的普遍不满。"与当时美洲的情况一样，马德拉斯的情况提出了叛乱合法性的问题，这一问题在整个美洲危机期间一直吸引着伯克的注意力。"④当帝国的西部愈发不稳定时，帝国的东部是否会重蹈覆辙是一个需要关心的问题。

在英国本土，东印度公司的腐败已经蔓延到本土。印度事务的

---

① Edmund Burke, "Opening of Impeachment 15 February 1788", in *The Writings and Speeches of Edmund Burke*: *Vol. 6*, General Edited by Paul Langford, Oxford: Clarendon Press, 1991, p. 285.

② Edmund Burke, "Policy of Making Conquests for the Mahometans", in *The Writings and Speeches of Edmund Burke*: *Vol. 5*, General Edited by Paul Langford, Oxford: Clarendon Press, 1981, p. 55.

③ Edmund Burke, "Fox's India Bill", in *The Writings and Speeches of Edmund Burke*: *Vol. 5*, General Edited by Paul Langford, Oxford: Clarendon Press, 1981, p. 441.

④ Richard Bourke, *Empire and Revolution*: *The Political Life of Edmund Burke*, Princeton & Oxford: Princeton University Press, 2015, p. 524.

复杂性令现场的管理者拥有巨大的决断权，只要能够满足公司对利润的需求，"董事们一直在追赶他们的官员，最终不得不宽恕他们原本不认可的事情"①。不断扩张的利润成为强大的游说武器。"伯克担心，从印度非法获得的资金可能会购买议会影响力，并利用它来阻止改革，使滥用制度永久化。印度的腐败即使不是压迫，也助长了这种形式的政治不公正，并对国内的自由政府构成了威胁。"②本土的腐化也是威胁英国政治制度的重要因素。

从更为宏观的角度看，伯克可能不自觉地感受到巨型企业的潜在破坏性。巨型企业可能成为一种彻底颠覆传统政治的新模式，政治将彻底经济的附庸。"一个以经济为基础的帝国主义当然力求造成掠夺状态，在此状态下，它能够不受阻碍地使用其经济权力手段，如信贷领域、原材料领域、敌国货币制度的破坏等，而且拥有它们就足够了"③，长期历史形成的习俗将成为这种全新模式的最大受害者。

伯克无法接受这种前景，即便只是作为可能性存在。他对于印度问题的积极参与使得他在 1781 年当选为下议院东印度特别事务委员会主席，领导对于东印度公司的全面调查。1782 年罗金汉姆的二次掌权提供了进一步推动力。罗金汉姆逝世后，罗金汉姆辉格党

---

①　Richard Bourke, *Empire and Revolution: The Political Life of Edmund Burke*, Princeton & Oxford: Princeton University Press, 2015, p. 353.

②　Frederick Whelan, *Edmund Burke and India Political Morality and Empire*, Pittsburgh: University of Pittsburgh Press, 1996, p. 65.

③　［德］卡尔·施米特：《政治的概念》，刘小枫编，刘宗坤等译，上海人民出版社 2004 年版，第 157 页。

在福克斯的领导下与诺斯勋爵组成联合政府，伯克帮助福克斯在1783年制定关于印度的问题的全面法案。他强调："每一种有效保护印度免受压迫的手段，都是保护英国宪法免受最严重腐败的卫士。"①

由于法案的激进性，议会否决了福克斯的法案。但加强本土对东印度公司的控制已经成为舆论的共识。一份更为温和的法案由次年上台的小皮特内阁递交议会通过。伯克毫不犹豫地批评这份法案的妥协性。"新法案赋予王室的影响力超过了第一个法案所产生的任何影响力。它把整个东印度公司交到了王室手中；由赞助产生的影响将更加危险，因为那些在现实中拥有整个公司的分配权的人，尽管在名义上可能没有，可以按照王室的意愿和乐意来撤换。"②1785年，黑斯廷斯返回本土终于给予伯克一个梦寐以求的机会，并且开启了一场持续到他退休的议会战争。

第二节　黑斯廷斯审判与习俗的冲突

1785年，回到本土的黑斯廷斯知道自己将面临舆论上的不利

① Edmund Burke, "Fox's India Bill", in *The Writings and Speeches of Edmund Burke*: *Vol. 5*, General Edited by Paul Langford, Oxford: Clarendon Press, 1981, p. 383.

② Edmund Burke, "Speech on Pitt's First India Bill", in *The Writings and Speeches of Edmund Burke*: *Vol. 5*, General Edited by Paul Langford, Oxford: Clarendon Press, 1981, p. 452.

地位。英国本土政治界对东印度公司的敌意早已传递到加尔各答，但黑斯廷斯自觉在不列颠对印度的统治上发挥了积极作用。议会的攻击是政治中稀松平常的嫉妒，这种嫉妒会随着热点的转移而迅速消失。最初的情况与黑斯廷斯判断无异，在短暂的质疑中，黑斯廷斯得到东印度公司的董事和小皮特的支持。然而，1786 年 2 月，情况急转直下，伯克正式开启对黑斯廷斯的调查。

伯克的行为开启了反对派的洪流。除了关于腐败和贪污的常规指控外，指控迅速上升到对黑斯廷斯负责整个东印度公司期间的质疑。从罗西拉战争到马拉塔战争，再到收税员南达库玛的处决问题，黑斯廷斯统治期间几乎每一项重大政治决定都成为反对派攻击的理由。比如，伯克就攻击黑斯廷斯在罗西拉战争中违背自己对议会的公开宣言。"这是一个使东印度公司蒙羞的假象，似乎要获得的收益是为了使该机构同意违反他们自己的命令，禁止所有这些活动。"①小皮特试图为黑斯廷斯的行为辩护，并赞扬黑斯廷斯巩固了不列颠在印度的统治。但小皮特在辩护的同时，也谴责黑斯廷斯在一些具体问题上的做法。小皮特的做法最终导致 1786 年议会通过对黑斯廷斯的弹劾案。

正式的弹劾开始于 1788 年 2 月。作为弹劾的发起人，伯克深知这场弹劾已经演变为公众事件。舆论的风向暂时对己方有利。但弹劾与普通的刑事指控不同，它是对违背政治制度精神的直接指

---

① Edmund Burke, "Rohilla War Charge", in *The Writings and Speeches of Edmund Burke*：*Vol. 6*, General Edited by Paul Langford, Oxford：Clarendon Press, 1991, p. 85.

控。弹劾是"这个宪政制度纯洁性的伟大守护者"①，是议会至高无上权力的体现。与此同时，"伯克熟知英国历史，因此知道弹劾是一个容易被滥用的过程，特别是当仅仅是政治争端被提升为犯罪甚至叛国的指控时。因此，他承认弹劾应该是最后的手段"②。一旦弹劾失败，不仅伯克个人的政治声望会大幅下降，这也对英国政治制度的信心产生影响。

伯克从美洲问题吸取经验，认为弹劾成功的关键在于唤起听众的共同情感。这种情感的目的在于激发听众对黑斯廷斯在印度残暴统治的反感和对其统治下民众悲惨境遇的同情。"它是来自那种充满野性的复仇，受到管制但没有被消灭，从受苦的一方转移到人类的共融和同情中。"③但1788年的弹劾在唤起共同情感上存在两个问题。一方面，从1786年确认弹劾到正式开启弹劾，公众对这一事件已经存在充分的预期。他们不再对这一弹劾保有强烈的新鲜感，对弹劾的疲惫感和厌倦感反而成为唤起共同情感的严重阻碍。另一方面，弹劾的内容集中在遥远的印度，绝大多数民众缺乏与那片土地的具体联系。换言之，大多数人不真正关心那片土地发生过什么。

---

① Edmund Burke, "Thoughts on the Present Discontents", in *The Writings and Speeches of Edmund Burke*: *Vol. 2*, General Edited by Paul Langford, Oxford: Clarendon Press, 1981, p. 294.

② James Conniff, *The Useful Cobbler*: *Edmund Burke and the Politics of Progress*, New York: State University of New York Press, 1994, p. 152.

③ Edmund Burke, "Speech in Reply 28 May 1794", in *The Writings and Speeches of Edmund Burke*: *Vol. 7*, General Edited by Paul Langford, Oxford: Clarendon Press, 2000, p. 245.

为了尽可能激发听众的共同情感，伯克在六天内连续发表四场长达数小时的演讲。修辞学的技巧是他的武器。比如在 2 月 18 日的演讲中，伯克生动地描写了这样一幅酷刑的场面：农民为了保留耕种的种子，拒绝缴纳粮食，东印度公司以酷刑进行镇压。"第一个折磨方式是这样的。他们首先用绳索缠绕他们的手指，直到它们连在一起，然后用木楔和铁楔在这些手指之间敲打，直到把这些可怜的、诚实的、勤劳的手压碎和弄残，这些手从来没有被抬到过自己的嘴边。"①

伯克的四场演讲与其说是演讲，不如说是一场精心策划的舞台剧。第一幕是古老神秘的印度文明。这个文明幅员辽阔、人口众多。印度民众拥有自己卓越的文化和制度。"这些人从最古老的时候起就被分配到各种等级中，都是世袭的，这被称为种姓。这些种姓是共同体政治制度的基本组成部分，在他们的教会和国家中都是如此。"②印度虽然遭受其他文明的入侵，但入侵的统治者迅速成为本地统治秩序的一部分。他们尊重和接受印度的习俗传统。

伯克对印度文明的浪漫美化是一个长期的过程。在福克斯印度法案的问题上，他就吹捧印度文明的古老性。"这群人并不是由卑微和野蛮的民众组成的；更不是像瓜拉尼人和奇基托人那样的野蛮人团伙，他们在亚马逊河或板块的废弃边界上游荡；而是一个历经

① Edmund Burke，"Opening of Impeachment 18 February 1788"，in *The Writings and Speeches of Edmund Burke：Vol. 6*，General Edited by Paul Langford，Oxford：Clarendon Press，1991，p. 419.

② Edmund Burke，"Opening of Impeachment 15 February 1788"，in *The Writings and Speeches of Edmund Burke：Vol. 6*，General Edited by Paul Langford，Oxford：Clarendon Press，1991，p. 303.

文明和教养的民族；在我们还在森林里的时候，（他们）就已经接受了所有高雅生活艺术的培养。"①

伯克通过这种浪漫化试图达到两个具体的目标。第一，印度的传统秩序运行十分良好；第二，英格兰的传统习俗并不比印度先进。这有助于英国本土听众将印度民众作为平等的主体进行对待。伯克甚至将这种浪漫化扩展到整个东方文明。正是在这一意义上，伯克指出东印度公司向中国走私鸦片是一种令人震惊的行为。"这不仅给上述东印度公司带来了巨大的风险和危险，也造成了巨大的实际损失，使英国在印度的形象大打折扣。"②

戏剧的第二幕则集中在东印度公司的入侵，以及在印度产生的灾难性结果。正如上一节所说，东印度公司作为一家商业公司，需要同时服从英国本土和莫卧儿皇帝的统治，服从两地的习俗与惯例。然而东印度公司的畸形发展使得它成为诡异的怪胎。"这两点一拍即合，印度公司就变成了现在的样子，一个大帝国（在公共权力下），一个大型商业公司。它成为罗马法认为不适合的东西，它拥有商人的权力，它拥有领主的权力。"③它是追求商业利润的公

① Edmund Burke, "Fox's India Bill", in *The Writings and Speeches of Edmund Burke*: *Vol. 5*, General Edited by Paul Langford, Oxford: Clarendon Press, 1981, p. 389.

② Edmund Burke, "Articles of Impeachment", in *The Writings and Speeches of Edmund Burke*: *Vol. 6*, General Edited by Paul Langford, Oxford: Clarendon Press, 1991, p. 165.

③ Edmund Burke, "Opening of Impeachment 15 February 1788", in *The Writings and Speeches of Edmund Burke*: *Vol. 6*, General Edited by Paul Langford, Oxford: Clarendon Press, 1991, p. 283.

司，也是孟加拉、马德拉斯、孟买等地区的实际统治者，拥有双料权力的东印度公司发展成为不受限制的专制机构。

除了结构上的问题，东印度公司的成员也是一个严重的问题。"更糟糕的是，权力掌握在那些直到最近还主要是商人的手中，这些人的第一想法仍然是利润，主要是年轻人，他们来到印度的希望是尽快赚大钱，然后回家。"①这种情况产生了三个难以避免的问题。首先，前往印度的英国年轻人往往没有经过良好的教育，他们缺乏对印度文明的尊重和了解。其次，他们并不打算长期待在印度，他们的目的是投机的。这导致他们更为追求短期利益，而不是该地区的长期稳定。第三，年轻人天然的急躁导致他们缺乏审慎，他们习惯用强力解决棘手的问题。"他们知道自己是如何受苦的，而这些苦难非但没有教导他们戒掉，反而只学会了折磨别人的方法。"②

在多种因素的共同作用下，东印度公司在印度的统治产生了灾难性的结果。他们在摧毁印度原有秩序的同时，建立了一种新的掠夺性秩序。这种秩序以追求利润作为自己的目标。"他们以自己的价格出售，并强迫人们以自己的价格出售给他们。这看起来更像是一支以商业为幌子去掠夺民众的军队，而不是其他任何东西。人们

① Frederick Whelan, *Edmund Burke and India Political Morality and Empire*, Pittsburgh: University of Pittsburgh Press, 1996, p. 28.

② Edmund Burke, "Opening of Impeachment 15 February 1788", in *The Writings and Speeches of Edmund Burke*: Vol. 6, General Edited by Paul Langford, Oxford: Clarendon Press, 1991, p. 293.

向国家法庭要求保护，但这是徒劳的。英国军队在全国各地行军时，其破坏程度比鞑靼征服者还要严重。"①

在武力的压榨下，印度民众陷入普遍的债务困境之中，以至于不得不求助于高利贷。伯克充满戏剧性地描写道："5％、10％、20％、50％？不，是按年计算的 600％，每天从你所听到的那些人那里支付，就像从他们嘴里掏出来的一样，高利贷的铁血之手是对抗残酷压迫的唯一资源。"②印度传统社会秩序直接陷入深度崩溃之中，一切美好的习俗与品质也消失殆尽。

通过戏剧般的描述，伯克展现了东印度公司统治前后，印度社会的巨大反差。他开启了戏剧的第三幕，也就是明确敌人。"善与恶的力量往往以人格化的形式出现，通过选择人类的角色在人类的眼前进行他们的冲突。"③需要有具体的个人为如此深重的灾难负责。这一切的罪魁祸首没有别人，就是黑斯廷斯。伯克慷慨激昂道："黑斯廷斯先生的罪行根源在于万恶之源，我指的是贪婪；贪婪和掠夺是他所有其他邪恶制度的基础和根基；他把国家的本土政府出售，把国家的整个土地利益出售，把英国政府和他自己的同僚

① Edmund Burke, "Opening of Impeachment 16 February 1788", in *The Writings and Speeches of Edmund Burke*: *Vol. 6*, General Edited by Paul Langford, Oxford: Clarendon Press, 1991, p. 335.

② Edmund Burke, "Opening of Impeachment 18 February 1788", in *The Writings and Speeches of Edmund Burke*: *Vol. 6*, General Edited by Paul Langford, Oxford: Clarendon Press, 1991, p. 417.

③ Paul Hindson & Tim Gray, *Burke's Dramatic Theory of Politics*, Aldershot & Brookfield USA & Hong Kong & Singapore & Sydney: Avebury, 1988, p. 68.

出售给人类中最卑劣和最邪恶的人，就证明了这点。"①黑斯廷斯对金钱的贪婪，使得他在放纵本已存在的腐败问题时，将一种系统性的腐败植入东印度公司之中。"他是行贿和收受贿赂的人，并形成一个以行贿和收受贿赂为目的的制度。"②整个东印度公司的员工通过贪污、受贿等各种方法收买印度的官员和统治者，只为满足自己的私欲。

为了强化黑斯廷斯的罪恶，伯克进一步放大黑斯廷斯在印度的专制统治。作为东印度公司的负责人，他的权力根本没有受到有效的制衡。远在本土的东印度公司董事对印度事务鞭长莫及，东印度公司设立的内部审查机构完全处于黑斯廷斯的控制之下。"一些同情黑斯廷斯或完全钦佩他成就的历史学家认为，黑斯廷斯是公司里普遍存在的过错的替罪羊，他的个人行为标准高于，或至少不低于那个时期的平均水平。"③但伯克指出，黑斯廷斯个人的品格不是问题的关键，他的问题在于东印度公司不可救药的腐坏。重新建立新的控制系统才是唯一的挽救方式。黑斯廷斯已经成为普遍邪恶的代名词。

对于黑斯廷斯专制地位的描述产生一个额外的暗示，即对黑斯廷斯证据的质疑。黑斯廷斯对印度的控制也意味一切来自东印度公

---

① Edmund Burke，"Opening of Impeachment 16 February 1788"，in *The Writings and Speeches of Edmund Burke*：*Vol. 6*，General Edited by Paul Langford，Oxford：Clarendon Press，1991，p. 371.

② Ibid.，p. 375.

③ Frederick Whelan，*Edmund Burke and India Political Morality and Empire*，Pittsburgh：University of Pittsburgh Press，1996，p. 61.

司的官方证据都值得质疑。"在伯克看来，黑斯廷斯通常绕过官方机构，然后逃避可能的审查。"①听众应该对有利于黑斯廷斯的证据抱有更多合理的怀疑。在具体证据的效力被削弱的情况下，他们应当关注的是黑斯廷斯所导致的普遍性罪恶，而不是罪恶的具体细节。

伯克的政治戏剧终于转入了第四幕，也就是弹劾。伯克的灵感很有可能来自西塞罗。他将自己的弹劾描绘为高贵的爱国举动，是为了挽救英国和印度的习俗，是为了帝国的稳定和秩序。他赋予自己神圣的光环，从而将自己的弹劾神圣化。"弹劾不仅仅是作为惩罚一个恶人的手段；它也是为了揭露整个世界的邪恶运作。"②这些旁听者既是戏剧的观众，也是戏剧的最终参与者，他们是决定黑斯廷斯是否有罪的关键。除此之外，通过将弹劾聚焦在黑斯廷斯本人，伯克得以避免谈论殖民主义或者帝国主义本身的正当性问题。

不得不说，伯克的政治舞台戏剧获得了空前的成功，以至于黑斯廷斯都学会了自我嘲讽，怀疑他自己到底是不是世界上最邪恶的人。但伯克的这种做法却对他自身思想的一致性产生严重的破坏。伯克的出发点是建立在维护英国政治制度之上，这与他一贯的思想没有矛盾。问题是，他对于具体历史的处理与《英国史散论》以来的态度形成鲜明的反差。审判的戏剧化意味对现实的简化和提纯，

---

① Richard Bourke, *Empire and Revolution*: *The Political Life of Edmund Burke*, Princeton & Oxford: Princeton University Press, 2015, p. 655.

② Paul Hindson & Tim Gray, *Burke's Dramatic Theory of Politics*, Aldershot & Brookfield USA & Hong Kong & Singapore & Sydney: Avebury, 1988, p. 71.

《英国史散论》的基本立场则拒绝对于历史进行简单理解，伯克的做法和煽动家之间几乎找不到实质性的区别。换言之，这种做法既缺乏审慎，又缺乏对于历史事实的足够尊重，这反过来成为黑斯廷斯的突破点。

黑斯廷斯反驳伯克所臆想的至高无上地位。至高无上的统治者是一种理论上的完美假设，作为东印度公司的负责人，经常性的权力不足才是他面临的常态。比如他就经常受到英国本土的压力，要求为达官贵人的朋友、亲属和子嗣提供充分的便利。黑斯廷斯不否认他的具体决策存在瑕疵，但他认为那是在紧急情况下不可避免的问题。由于远离本土，他必须在信息和条件受限的态势下作出决策。更为关键的是，他的出发点绝不是贪腐和腐败。东印度公司的战争不能简单被解释为追求利润。在很多情况下，这是为了保卫东印度公司的必要举措。"对于在当时看来似乎不稳定的政权中保持权力和坚定的外表的重要性，他总是十分敏感。"①印度本土的统治者不是可以充分信赖的对象，他们很有可能在东印度公司虚弱的时候，与其他欧洲殖民帝国联合驱逐东印度公司的统治。

黑斯廷斯对东印度公司的改革也绝非伯克所说的系统性腐败。恰恰相反，黑斯廷斯认为自己的出发点与伯克一致，他们都同意随着形势的变化，东印度公司必须进行改革，这种改革需要建立在对于印度自身传统和习俗的把握之上。比如黑斯廷斯就下令将印度的

---

① Frederick Whelan, *Edmund Burke and India Political Morality and Empire*, Pittsburgh: University of Pittsburgh Press, 1996, p. 177.

各种语言编撰成词典。"黑斯廷斯对这些开明管理原则的应用首先影响了税收，其次影响了民事和刑事管辖权。在每一个案例中，对黑斯廷斯的反对者来说，追求宽容的改革都是一种贪婪的篡夺行为。"①

伯克的弹劾是一种典型的表现。他指控黑斯廷斯的改革导致印度社会的普遍灾难。黑斯廷斯的权力集中化程度之高，以至于他对印度民众的控制达到前所未有的强度。"他可以进入他们最微小的秘密，了解他们的家庭事务，并有能力完全颠覆和摧毁他们的家庭。"②黑斯廷斯的改革导致原有社会结构的严重动荡，并且取消和限制了印度传统贵族的许多权利。这种剧烈的动荡将在事实上对固定阶层造成毁灭性打击。③但黑斯廷斯很快反驳，印度的改革将不可避免地影响到原有格局，他的所作所为并没有超过印度的一般情况。

公正地看，黑斯廷斯为帝国在印度的统治作出过巨大的贡献。无论是在殖民地的扩张还是在内部的改革中，他使得东印度公司大体成功适应新形势的变化。

两者的争论很快陷入一种古怪的镜像中。两个人都宣称需要适应新的形势，也都宣称需要加强帝国在东部的稳定，也都宣称必须

---

① Richard Bourke, *Empire and Revolution: The Political Life of Edmund Burke*, Princeton & Oxford: Princeton University Press, 2015, p. 584.

② Edmund Burke, "Opening of Impeachment 18 February 1788", in *The Writings and Speeches of Edmund Burke: Vol. 6*, General Edited by Paul Langford, Oxford: Clarendon Press, 1991, p. 401.

③ Ibid., p. 420.

尊重印度的传统和习俗。"伯克和黑斯廷斯一致认为，印度必须按照自己的文化规范和政治实践来治理，尽管他们在这些规范和政治实践是什么方面存在分歧。"①伯克在政治理论上的漏洞以一种巧合的方式成为现实。

两者在习俗问题上的冲突集中在所谓的东方专制主义问题上。黑斯廷斯承认他在印度的治理过程中存在一定的专制行为，但他认为这种专制是必须的。"为了拯救不列颠帝国在印度的统治，并有效地统治它，他被迫以一种强有力和自由支配的方式使用他所掌握的权力，他这样做，不仅是出于政治需要，也是出于印度专制政府的惯例以及该国不稳定的政治环境。"②东方专制主义的特殊性在于，英国的政治习俗将专制视为一种异常；如果印度的专制诞生于它的习俗，那么英国和印度的习俗将产生直接的对立。这也是习俗特殊性产生的必然问题：两种相隔距离越远，历史传统差异越大的文明，越可能产生不同的习俗。

伯克回避了这一问题。他指出，东方专制主义本身就是对东方不精确的描述。东方不存在真正意义上的专制。他从离欧洲最近的奥斯曼帝国开始，一直考察到印度的伊斯兰教和印度教王公，认为所有的东方国家权力都受到明确的限制。无论是伊斯兰教的《古兰经》还是印度教的种姓制度都对君主的权力产生事实上的约束。所谓的东方专制主义是一种普遍的误解。"亚洲民众没有法律、权利

---

① Frederick Whelan, *Edmund Burke and India Political Morality and Empire*, Pittsburgh：University of Pittsburgh Press，1996, p. 6.

② Ibid., p. 188.

和自由，这是一种在这个国家邪恶地传播着的教义。"①但伯克的分析无法彻底将他从习俗特殊性的泥潭中挣扎出来。黑斯廷斯完全可以强调，伯克的解释是对东方专制主义的重新定义。如果按照伯克的定义，他的行为也可以不属于东方专制主义。

事实也是如此，由于缺乏足够的证据，伯克对于黑斯廷斯的弹劾陷入无休止的疲劳战和循环论证之中。1789 年法国革命的爆发更是极大转移民众和政治界的注意力。无论是伯克在议会中的反对派盟友还是小皮特政府，都在密切关注海峡对岸局势可能的变化。伯克本人也无法忽视这一严峻的现实。在日益恶劣的情况下，伯克不得不求助于他一直没有明确的观点，即道德普遍性。

第三节　道德普遍性与自然法

法国的事态极大改变了英国政治的重点。印度问题不再被视为重要的问题。以至于在 1790 年开启新一届议会时，大家都在询问弹劾是否还需要进行下去。伯克强烈驳斥这种观念，他激动地批评道："所有这些反对意见所要确立的主张是，弹劾随议会解散而终止，因此，必须服从国王的意志。但是，在他们试图证明这就是法律的时候，他们从来没有努力证明这样执行的法律有利于正

① Edmund Burke，"Opening of Impeachment 16 February 1788"，in *The Writings and Speeches of Edmund Burke*：*Vol. 6*，General Edited by Paul Langford，Oxford：Clarendon Press，1991，p. 363.

义。"①议会同意继续实行弹劾，却没有改变弹劾陷入实质性停滞的局面。

伯克与黑斯廷斯的争论愈发集中在各种琐碎的细节之中。在伯克的时代，本土缺乏对这些细节进行甄别的能力。尤其是考虑到伯克本人从未去过印度的情况下，这种缺陷被进一步放大。道德普遍性或者说普遍德行对伯克的诱惑愈发明显。如果英国与印度存在共同的德行，或者分享基本相同的道德观念，那么在黑斯廷斯已经承认存在专制行为的情况下，伯克可以取消黑斯廷斯将印度习俗作为挡箭牌的有效性。换言之，"黑斯廷斯藐视普遍正确的正义的首要原则，没有一个总督可以无视这些原则而无罪"②。

普遍的德行一直是伯克含糊其词的问题。一方面，他似乎没有否定这种普遍性的存在。他一直拒绝别人对他相对主义的指控。在法国问题上，他表示，"任何一个人无视根据上帝普通天意的已知进程而形成的谨慎规则，相信一个未知的分配顺序，这不是虔诚的错误，而是疯狂和不敬的妄想。"③另一方面，伯克倾向于将普遍的德行视为某种理所当然的前提。他几乎没有对普遍德行的存在进行论证。伯克演讲的性质又导致我们不得不追问，他提及普遍的德行

① Edmund Burke, "Continuation of the Impeachment", in *The Writings and Speeches of Edmund Burke*: Vol. 7, General Edited by Paul Langford, Oxford: Clarendon Press, 2000, p. 87.

② Russell Kirk, *Edmund Burke*: *A Genius Reconsidered*, Peru: Sherwood Sugden & Company, Publishers, 1988, p. 117.

③ Edmund Burke, "Second Letter on a Regicide Peace", in *The Writings and Speeches of Edmund Burke*: Vol. 9, General Edited by Paul Langford, Oxford: Clarendon Press, 1991, p. 269.

究竟更多是一种完整的想法，还是单纯的修辞技巧。

这种普遍道德化的尝试在伯克之后的弹劾过程中愈发明显。"伯克的立场是，虽然政府官员需要在调整政策以适应环境和处理真正的紧急情况方面有一定的自由度，并且可以原谅他们偶尔践踏或放松低级规范，但他们仍然要服从于高级道德规范，包括正义的某些基本约束。"①换言之，伯克承认存在一些普遍的道德规范，这些规范似乎不受到具体习俗的影响，能够跨越不同文明而存在。正义就是伯克在弹劾中提及最多的德行。用他自己的话说，"他们自始至终都只是出于实现公共正义的愿望，他们希望尽快结束已经持续了比最长的选举委员会还长的起诉"②。

普遍的德行与特殊的习俗存在一种紧张的关系。从《改革者》开始，伯克就试图将德行与习俗联系起来。在不断的现实挑战中，伯克也愈发看重习俗的正面价值。在美洲问题上，他直接将德行与习俗挂钩，认为政治审慎就来自长期共同生活产生的集体智慧。习俗与德行的深度绑定赋予德行强大的现实基础。相对主义的幽灵也同时环绕在伯克理论的头顶，不同地区习俗的差别暗示德行在不同的地方也会有不同的表现，上一章提到的美洲殖民地和本土对待自由的差异就是明确的表现。伯克甚至进一步宣称英国人的自由仅仅属于英国人，而不一定适用于法国人。他写道："在这之前，

① Frederick Whelan, *Edmund Burke and India Political Morality and Empire*, Pittsburgh：University of Pittsburgh Press，1996，p. 201.

② Edmund Burke, "Continuation of the Impeachment", in *The Writings and Speeches of Edmund Burke*：*Vol. 7*, General Edited by Paul Langford, Oxford：Clarendon Press，2000，p. 79.

我们的自由从来没有被腐蚀过。我的意思是说，它从来没有脱离过国内的关系。到目前为止，它一直是英国的自由，而且只是英国的自由。"①

一种潜在的解决方案是采用伯克所进一步构造的"欧洲共同体"概念。这种欧洲共同体由于长期享有共同的历史文化，他们在习俗和德行上具有大量的相似性。伯克的作品很早就描述这种场景："欧洲大陆上的所有王国几乎都以同样的形式进行治理；因此，其居民的行为方式也非常相似。封建王朝的纪律无处不在，并以其不规则的军事精神影响了法院的行为和民众的习俗。"②在某种程度上，欧洲文明可以被视为一个整体来对待。虽然英国和法国的习俗都存在差异，但都统属于欧洲文明。古罗马和基督教在其中扮演最重要的角色，"基督教在精神上相当于伯克的世俗的欧洲共同体概念。在它存在的 18 个世纪里，通过历史的延续和法律的规定，它为欧洲文明的丰富和稳定增添了不可估量的力量"③。

这种欧洲共同体的意识一直存在于伯克理论的各个角落，他晚年对法国革命的反对也展现出类似的特点。伯克不但将法国革命视为英国的威胁，更将其视为整个欧洲文明的威胁。当小皮特政府试

---

① Edmund Burke，"Fourth Letter on a Regicide Peace"，in *The Writings and Speeches of Edmund Burke*：*Vol. 9*，General Edited by Paul Langford，Oxford：Clarendon Press，1991，p. 110.

② Edmund Burke，"An Essay towards an Abridgment of the English History"，in *The Writings and Speeches of Edmund Burke*：*Vol. 1*，General Edited by Paul Langford，Oxford：Clarendon Press，1997，p. 456.

③ Peter Stanlis，*Edmund Burke and The Natural Law*，New Brunswick & London：Transaction Publishers，2003，p. 196.

图与法国和谈时，伯克强调，与法国的和谈就是对欧洲文明的背叛。"这就好像我们在同基督教欧洲联合体的一个公认的老成员进行一场共同的政治战争；就好像我们的争端仅仅是领土或商业争端，和平可以通过征收或取消一种关税来解决，通过在一方或另一方获得或失去一个偏远的岛屿或一两个边境城镇来解决。"①

欧洲习俗的共通性为更广泛的文明共通性提供了基础。虽然印度文明缺乏与欧洲文明的历史联系，但是人类的相似性暗示不同文明之间可能存在一些共同的习俗。但这依旧存在两个问题。第一，人类生活环境和身体条件的相似性不等同于直接产生相似的习俗。宗教就是一个典型的例子，在不同文明的演化中，宗教扮演的地位和角色都具有很大的差异。第二，即便由于相似性存在共同的习俗，比如所有的文明都存在一定程度的宗教因素，但伯克所寻求的诸如正义这样的德行不必然具有类似的普遍性。以专制为例，绝对的专制不存在于现实的历史之中，但不同文明之间在专制的程度上显然存在明显的区别。黑斯廷斯依旧可以辩解，他只是适应印度地区更为专制的习俗。

面对这种情况，伯克不得不重新唤起他在《改革者》中所埋藏的可能性。《改革者》的一个基本观点就是习俗是可以被教化，从而提升普遍的道德素养。黑斯廷斯对印度普遍腐败的描述很有可能是事实，但这种事实不能成为他同流合污的借口。"仿佛当你越过

---

① Edmund Burke, "Fourth Letter on a Regicide Peace", in *The Writings and Speeches of Edmund Burke*: *Vol. 9*, General Edited by Paul Langford, Oxford: Clarendon Press, 1991, p. 90.

赤道线时，所有的美德都会消失，就像他们说有些动物越过赤道线时就会死亡一样，仿佛有一种洗礼，就像海员们所做的那样，通过这种洗礼，他们解除了在欧洲学到的所有东西，开始了新的秩序和系统。"①为了批评这种道德地理学，伯克明确指出存在普遍的德行。"但我们认为有必要为自己辩护，宣布道德法则在任何地方都是一样的。"②正如都柏林人差劲的审美一样，印度习俗的问题也证明改善的必要性。"有一些不好的风俗和滥用风俗的行为是应该被摒弃的。"③尤其是考虑到黑斯廷斯是被英国所任命，他理应遵守英国的习俗制度，或者至少应当将德行尽可能融入对印度的统治之中。

《改革者》的困境再次出现。伯克的立场暗示存在独立于习俗的普遍德行，至少是普遍德行的标准，那么伯克必须阐明它的来源。自然法是可能的来源。伯克在黑斯廷斯弹劾中宣称，"我们都是在服从中出生的，都是平等地出生的，无论高低贵贱，统治者和被统治者，都服从于一个伟大的、不变的、预先存在的法律"④。这种法律显然不是习惯法或者人为法的特征，它更接近于传统自然

---

① Edmund Burke，"Opening of Impeachment 16 February 1788"，in *The Writings and Speeches of Edmund Burke*：*Vol.* 6，General Edited by Paul Langford，Oxford：Clarendon Press，1991，p. 346.

② Ibid.，p. 346.

③ Frederick Whelan，*Edmund Burke and India Political Morality and Empire*，Pittsburgh：University of Pittsburgh Press，1996，p. 79.

④ Edmund Burke，"Opening of Impeachment 16 February 1788"，in *The Writings and Speeches of Edmund Burke*：*Vol.* 6，General Edited by Paul Langford，Oxford：Clarendon Press，1991，p. 350.

法的特征。"自然法是一种永恒的、不可改变的、普遍的伦理规范或标准，其有效性与人的意志无关；因此，在任何时候、任何情况和任何地方，它都约束着所有的个人、种族、国家和政府。"①

如果伯克的宣言不是纯粹的修辞手法，这可能是伯克承认传统自然法的证据。伯克对基督教的信仰，进一步增强了说服力。从正面看，"伯克对宇宙神圣秩序与人类行为准则之间的关系的看法最为明显"②。他相信世界秩序最终由上帝所保证。"历史的延续性是神启示的人类形式。通过政治、法律、文学文献和社会遗迹，通过积累的实用艺术和科学知识，通过道德哲学、基督教圣经、教会教义和传统，历史揭示了上帝在人类世俗事务中的意志。"③

从反面看，这体现在伯克一贯以来对抽象理性的怀疑上。他否认人类的理性能力足以认识世界秩序的复杂性。正如《辩护》所暗示的那样，自然神论在本质上取消对神的敬畏，它本质上是一种无神论。"所有的政府都必须经常违反正义的规则来支持自己；真理必须让位于伪装；诚实必须让位于权宜之计；人性本身必须让位于统治者的利益。"④自然法就是对于统治者的约束。统治者是上帝在

---

① Peter Stanlis, *Edmund Burke and The Natural Law*, New Brunswick & London：Transaction Publishers，2003，p. 7.

② Francis Canavan, *The Political Reason of Edmund Burke*. Durham：Duke University Press，1960，p. 20.

③ Peter Stanlis, *Edmund Burke and The Natural Law*, New Brunswick & London：Transaction Publishers，2003，p. 162.

④ Edmund Burke, "A Vindication of Natural Society", in *The Writings and Speeches of Edmund Burke*：*Vol. 1*，General Edited by Paul Langford，Oxford：Clarendon Press，1997，p. 154.

世俗世界的代行者，他们更需要服从自然法的指导。

通过自然法确立普遍的德行是一种有效的方法。但不得不指出的是，如果自然法是他思想中的重要基础，它在伯克的发言中却经常缺席。事实上，伯克在演讲中几乎没有使用过自然法一词。"一个伯克只在少数场合提及的概念竟然被认为具有如此重大的意义"①，这显然需要有足够合理的解释。更为关键的是，如果伯克坚定支持自然法，那么他将难以避免地需要解释他在《英国史散论》回避的问题，即征服的合理性和正当性问题。

普遍德行是伯克在现实和道德关系中最为棘手的问题。伯克似乎采用了一种折中主义的做法，他不否认普遍德行的存在，承认有一些超越地理限制的道德规范。但一方面，普遍德行只是一种原则，它在具体社会的展开会呈现出一定的差异性；另一方面，伯克似乎承认部分的道德规范可以接受一定程度的违背。

伯克的妥协做法缺乏理论上的一致性。如何确定哪些道德规范属于必须遵守的范畴就是一个问题。他也无法证明一种从基督教文明中推演出的自然法能够适合印度这样的非基督教文明。这种阐释背后隐含一种基督教优越论的立场，是潜在宗教狂热的诱因，这也的确成为殖民时期扩张的重要借口。"伯克希望并断言，这不是强加给印度政治世界的一个外来标准，但他缺乏足够的材料来结论性地证明这一点，就像黑斯廷斯为自己辩护时所说的那样。"②

---

① Frank O'Gorman, *Edmund Burke*：*His Political Philosophy*. London & New York：Routledge，2014，p. 10.

② Frederick Whelan, *Edmund Burke and India Political Morality and Empire*，Pittsburgh：University of Pittsburgh Press，1996，p. 291.

不追求理论的一致性可能正是伯克与哲学家的根本区别所在。理论上的自洽更多是一种智力满足，问题是这种方法能否在现实中有效运作。政治理论的结果才是唯一有效的评价方式。在漫长的历史中，后人最终会作出恰当的评价。正因为将评价的权力交给历史和民众，伯克才不害怕坚持自己对黑斯廷斯弹劾的必要性。在丧失政党和民意支持的情况下，伯克将自己的行为进行升华，他如同完美的道德骑士一般，对黑斯廷斯所代表的邪恶一次又一次发起攻击。"伯克自己与黑斯廷斯的斗争也被列为这样一种考验和提升整个人类物种的舞台"①，这种徒劳无功的攻击展现了真正道德拯救的可能性。

不合时宜的道德激情在扩张悲剧性力量的同时，也使得伯克与现实的情况愈发偏离。这种偏离也暗示一种潜在的风险。当普遍的德行进入到政治之中，政治就有一种被道德吞噬或者附庸的风险。正如施密特所强调的那样，彻底的道德化与理性化只是同一个硬币的正反两面。"它的两极——伦理与经济——只是从这个核心散发出来的两宿对比强烈的光线而已。"②伯克可能避免了抽象理性的困局，但他可能无法跳出道德的困境。

随着黑斯廷斯的继任者返回本土，并且提供一系列对黑斯廷斯有利的证词，弹劾成功的可能性日益渺茫。很多人将伯克的偏执视

---

① Paul Hindson & Tim Gray, *Burke's Dramatic Theory of Politics*, Aldershot & Brookfield USA & Hong Kong & Singapore & Sydney：Avebury，1988，p. 20.

② ［德］卡尔·施米特：《政治的概念》，刘小枫编，刘宗坤等译，上海人民出版社 2004 年版，第 152 页。

为一种个人恩怨的结果。"伯克对他的政党无力支持它赖以建立的基本原则感到愤慨。他变得易怒、暴躁和怨恨，在下议院中成为嘲笑的对象和滑稽的人物。"①1795 年，弹劾走到了尽头，对于黑斯廷斯的指控没有一项成立。更令伯克气愤不已的是，王室随后向黑斯廷斯颁发了丰厚的年金，以表彰黑斯廷斯在印度的杰出贡献。"公诉已经变成了一所教育叛国罪的学校，毫无用处，只是为了提高罪犯在逃避责任方面的技巧；或者说明人们可以完全不受惩罚地密谋反对共同体。"②

---

① Frank O'Gorman, *Edmund Burke: His Political Philosophy*. London & New York: Routledge, 2014, p. 126.

② Edmund Burke, "First Letter on a Regicide Peace", in *The Writings and Speeches of Edmund Burke: Vol. 9*, General Edited by Paul Langford, Oxford: Clarendon Press, 1991, p. 198.

第六章　法国革命与抽象理性

　　伯克在印度问题上的立场一直是明确的。与美洲问题一样，伯克始终思考如何将帝国的各部分统合为一个整体。在这一过程中，他避免尽可能谈及征服合理性的问题，"伯克珍视大英帝国的主权，但他强烈反对大英帝国的一贯政策。在这种明显的矛盾心理之下，是对征服权利的承诺，同时对征服精神的否定"①。他在道德上难以接受东印度公司扩张所产生的道德灾难，但他又不否认东印度公司对孟加拉等地区的统治权，这迫使伯克将目光聚焦于有效的管理和统治的改善。

　　伯克实际上不关心黑斯廷斯的行为是否出于实际需要，他担心的是黑斯廷斯的行为对传统秩序产生的灾难性影响。秩序的破灭是动乱的起点。在帝国西部日益无法挽回的情况下，伯克悲观的态度促使他不得不担忧失去帝国东部的可能性。他尤其关注东印度公司对印度传统家庭结构的影响，伯克修辞学的一个重点就是描述黑斯廷斯统治下印度家庭的悲惨情况。"但是，虽然在这个国

---

　　①　Richard Bourke, *Empire and Revolution*：*The Political Life of Edmund Burke*, Princeton & Oxford：Princeton University Press, 2015, p. 1.

家里，我们知道儿子可能不受父亲的控制，但是，最卑贱的奴隶所处的奴隶地位并不比儿子在这个国家里的父亲所处的奴隶地位更卑贱。"①

印度问题也迫使伯克不得不面对《改革者》就存在的问题，即需要为普遍的德行和习俗的特殊性寻找和解的方式。伯克对这一问题的处理缺乏理论上的成功性。"伯克在讨论诸如契约、神的旨意，当然还有自然法等概念时，模棱两可，令人沮丧"②，以至于我们几乎难以勾勒出足够自洽的理论。

伯克在印度问题上的矛盾不是忽视这一问题的理由。伯克的思想一直没有跳出他早期的基本框架，但印度问题在两个方面直接影响伯克对法国革命的思考。一方面，它激发了伯克对于道德堕落的想象。在法国革命中，这种想象被上升为一种恐惧，这种恐惧"开创了保守派噩梦的核心特征之一：暴民统治的怪物"③。另一方面，家庭成为伯克衡量暴政程度的重要标准。家庭的毁灭意味专制达到了它最严重的程度，它的内部将不再有任何有效的阻拦力量。

对于伯克而言，黑斯廷斯的审判是一场毋庸置疑的失败。如果没有法国革命，伯克很有可能将作为一个失败的下议院议员结束自己的政治生涯。历史的偶然性赋予伯克又一次机会。凭借《法国革

---

① Edmund Burke, "Opening of Impeachment 19 February 1788", in *The Writings and Speeches of Edmund Burke*：*Vol. 6*，General Edited by Paul Langford，Oxford：Clarendon Press，1991，p. 445.

② Frank O'Gorman, *Edmund Burke*：*His Political Philosophy*. London & New York：Routledge，2014，p. 11.

③ Mark Neocleous, *The Monstrous and The Dead*，Cardiff：University of Wales Press，2005，p. 28.

命论》，伯克不仅在英国，甚至在欧洲获得了普遍的声誉。"他一生中更大的名气来自他在 18 世纪 90 年代出版的反对法国大革命的小册子。"①他一跃成为世界性的政治人物。直到今天，《法国革命论》依旧是伯克最著名的作品。除了《法国革命论》外，《与弑君者的和平》的四封信也集中表达了他对法国革命的观点。

本章试图指出，伯克在法国革命上的态度，与他一直以来的思想具有内在一致性。他对待美洲革命和法国革命南辕北辙的态度都基于相同的出发点。伯克可能意识到抽象理性对政治的威胁：法国革命的爆发意味着存在两种无法兼容的政治理念，两者的对抗唯有以一方的彻底毁灭而告终。"他们的敌意是要把我们逼到他们的统治之下；他们的友好是要使我们堕落到他们的原则之下。"②英国必须抵抗，也唯有抵抗。

第一节　法国革命与近代社会契约论

无论是否支持 1789 年的法国革命，所有人都不得不承认这场革命对人类历史的深刻影响。迈斯特这样最激烈的反对者也承认："法国革命标志着一个伟大的时代；在其结束之后，在其策源地之

---

① David Bromwich, *The Intellectual Life of Edmund Burke*, London & Cambridge: The Belknap Press of Harvard University Press, 2014, p. 4.

② Edmund Burke, "Fourth Letter on a Regicide Peace", in *The Writings and Speeches of Edmund Burke: Vol. 9*, General Edited by Paul Langford, Oxford: Clarendon Press, 1991, p. 104.

外，都会强烈地感觉到它的后果。"①或者在潘恩这样的支持者看来，"当前的时代将来大可称之为'理性的时代'，而现代人在后代看来不啻是新世界的亚当"②。但很少有人在这场革命的开始就注意到它可能产生的影响，相当多数的人只是将革命视为在法国尝试一种英国式君主立宪制度的可能性。

伯克一开始没有特别重视法国革命。英国国内的摄政危机占据更主要的注意。1788 年，由于乔治三世突然的精神错乱，王国急需一个明确的摄政者。福克斯主张直接由威尔士亲王，也就是未来的乔治四世担任摄政，小皮特同意威尔士亲王的角色，但他指出，必须通过议会的任命才能担任摄政。由于福克斯是威尔士亲王的长期朋友，小皮特担心威尔士亲王可能会以摄政的名义更换新的首相，所以想要通过议会立法限制摄政的权力。问题是，根据英国的惯例，议会必须以国王的演讲和致辞作为开始，这导致一种逻辑上的死循环。

小皮特指示议会以亨利六世时期的特例制定摄政法。伯克在此时似乎将政治惯例置于比议会主权更重要的位置，批评小皮特违背了英国政治制度。伯克的辉格党同僚却在这一问题上表现出高度分裂的态度。"伯克的政党分裂，完全无法在政治上利用这种局面。在过去的 20 年里，伯克已经习惯了失败，但让他苦恼的不是他的政党的失败，而是在 1788 年摄政危机期间，他的政党同僚们未能

---

①　［法］约瑟夫·德·迈斯特：《论法国》，鲁仁译，上海世纪出版集团 2005 年版，第 41 页。

②　［美］潘恩：《潘恩选集》，马清槐等译，商务印书馆 1982 年版，第 344 页。

坚持传统的辉格党的世袭原则。"①所幸的是，乔治三世及时恢复健康，摄政危机自动消失，但摄政危机依旧严重牵扯了伯克的注意力。"在革命的早期，伯克可能对摄政危机更感兴趣，而且，尽管辉格党在危机期间的分裂并不完全预示着后来在革命问题上的分裂，但它肯定为这种分裂准备了基础。"②

法国革命一开始并未如同很多人脑中的刻板印象那样激烈。在1791年春季之前，革命以一种相对温和的方式展开。虽然在这一阶段存在社会的混乱，但大体上保有基本的统治秩序。至少在1789年，伯克没有直接反对革命。并且由于他在美洲革命中的立场，许多人视他为法国革命的潜在支持者。"潘恩不止一次地去格雷戈里拜访伯克，希望伯克能够支持在法国的革命。"③但与他欢欣鼓舞的自由派朋友相比，伯克更多表现出一种困惑和谨慎。事实上，直到1789年的11月，他仍然认为这场革命是需要进一步观察的事物。

为了理解法国革命的思想根据，回顾近代政治哲学是一个有效的方式。对于近代早期的政治哲学家而言，他们普遍面临这样一种局面：一方面，传统的经院哲学陷入不断的僵化，以至于它变成了一种亚里士多德学，"变得不管他讲的什么都盲目地赞成，并把他

---

① Frank O'Gorman, *Edmund Burke：His Political Philosophy*. London & New York：Routledge, 2014，p. 125.

② James Conniff, *The Useful Cobbler：Edmund Burke and the Politics of Progress*，New York：State University of New York Press，1994，p. 216.

③ Jesse Norman, *Edmund Burke The First Conservative*，New York：Basic Books，2013，p. 108.

的话一律当作丝毫不能违抗的神旨一样，而不深究其他任何依据"①。另一方面，奉行新方法的自然哲学却迅速发展，几乎在数学、力学、天文学、生物学、光学等各种领域中，科技发现都出现飞速的进步。

越来越多的政治哲学家认为，需要通过效仿自然哲学的方法寻求政治哲学的发展。霍布斯是第一个尝试者。霍布斯认为，近代政治哲学存在与中世纪自然哲学同样的问题，传统政治哲学同样深陷于僵化的亚里士多德权威之中。"甚至，大学太过于依赖一个特殊的作者，以至于他们所教的东西不再被称为哲学，而应该称之为亚里士多德学（Aristotelity）。"②自然哲学通过经验获得了确定无疑的前提，政治哲学理应也能找到类似的基础。

感觉就是霍布斯确定的推理基础。"从本源上看，所有的概念都来自外物自身的运动，……因为这一运动的存在，才产生了感觉这一概念。"③推理是霍布斯选定的推理方式，这种推理和数学上的加减法没有区别。"当一个人进行推理时，他所做的只不过是在心中将各部相加求得一个总和，或是在心中将一个数目减去另一个数目求得一个余数。"这种人类的理性能力是人类特有的能力，是上帝赋予人的能力。霍布斯显然认为，在找到确定无疑的前提和正确

① ［意］伽利略：《关于托勒密和哥白尼两大世界体系的对话》，上海外国自然科学哲学著作编译组译，上海人民出版社 1974 年版，第 147 页。

② Quentin Skinner，*Visions of Politics Volume 3*：*Hobbes and Civil Science*，Cambridge：Cambridge University Press，2004，p. 209.

③ Thomas Hobbes，*The Elements of Law Natural and Politic*，Cambridge：Cambridge University Press，1928，p. 3.

的方法论之后，只要推理不出现错误，那么必然能够得到正确的结论。"将数学方法应用于政治哲学，意味着政治第一次被提高到了科学的高度，成为理性知识的部类"①，这意味政治可以得到如同近代自然科学一样普遍适用的答案。

通过不断地还原，霍布斯发现虽然个体在具体的能力上有所差异，但是在总量上相对平等。这种个人能力在总量上的相对平等成为霍布斯自然状态的原始条件。在这一过程中，霍布斯也第一次将政治的基本单位从家庭扩展为个人，国家这一人格就是"大家人人相互订立信约而形成的"②。

霍布斯开创性的举动将冷酷的计算理性代入政治共同体中。这些绝对理性的抽象个体都渴望使自己的收益最大化。他们之所以联系在一起，是因为联合带来的积极收益大于他们的损失。随着血缘、习俗这样的自然关系被作为特殊性的部分而消除，他们被迫通过契约固定抽象个体间的权利和义务。这构成了现代意义上的权利义务关系。国家保护个人免受暴死的恐惧，以换取个人服从于主权者的统治。

洛克不同意霍布斯推导出的绝对君主专制，但他接受了霍布斯所建立的近代社会契约论基本框架。他并不反对霍布斯将政治科学化的尝试。问题更多出在霍布斯对于自然状态和自然权利的错误认

---

① ［美］列奥·施特劳斯：《霍布斯的政治哲学》，申彤译，译林出版社2001年版，第165页。
② ［英］霍布斯：《利维坦》，黎思复、黎廷弼译，杨昌裕校，商务印书馆2010年版，第131页。

识。洛克同样认为："没有什么比这更显而易见的，同族类和同层次的生命，毫无差别地生来享有自然同等的优势和运用同等能力，应该相互平等。"①他进一步将霍布斯的抽象平等个体作为瓦解父权制的武器。人人平等意味着父子之间也应该平等，这种平等意味父亲对孩子没有绝对支配的权力。父辈只是在子辈没有成年的情况下，或者更准确地说，在理性能力没有充分发育的情况下，暂时性拥有对子辈更强的控制力。父权制不能成为君主合法性的来源。

洛克在瓦解父权制的同时，将抽象理性进一步深化到政治哲学之中。他宣称"婚姻社会是通过男女之间自愿的合约塑造的"②，一切的社会关系都是抽象个体达成的契约，国家是抽象个体为了保护自己的权利而达成的。"基于人与人之间的相互同意，为了他们的舒适、安全和和平的生活，参加和连接为一个共同体。"③教会同样也来自抽象个体的同意，"人所自愿组成的社会，为了公开崇拜上帝，以他们所接受的方式，为了有效拯救他们的灵魂"④。国家和教会是抽象基于自愿所达成的不同契约，是抽象个人的自由抉择。

近代社会契约论的基本理念在卢梭的理论中得到进一步的体现。卢梭扭转了自然状态和文明状态的关系。他认为文明状态是人

---

①　John Locke, *Two Treatises of Government*, London: Thomas Tegg; W. Sharpe and Son; G. Offor; G. and J. Robinson; J. Evans and Co., 1823, p. 106.

②　Ibid., p. 138.

③　Ibid., p. 146.

④　John Locke, *A letter Concerning Toleration and Other Writings*, Edited by Mark Goldie, Indianapolis: Liberty Fund, 2010, p. 15.

类堕落的表现，自然状态才是人类原本的样貌。"人类所有的进步，不断地使人类和它的原始状态背道而驰；我们越积累新的知识，便越失掉获得最重要的知识的途径。"①霍布斯的问题就在于他对于个体的抽象程度依旧不够还原，"他把满足无数欲望的需要，不适当地掺入野蛮人对自我保存的关心中，其实这些欲望乃是社会的产物"②。

在卢梭的不断还原下，自然状态下的抽象个体只具备两种特性。一种是所有动物都具有的趋利避害的本能；另一种则是人类特有的能力，也就是理性。"这种特殊而几乎无限的能力，正是人类一切不幸的源泉。"③人类理性能力的存在导致人类必然会进入文明状态。文明状态下的政治制度是对人类本性的补救，防止人类跌落到无法挽救的深渊。"一切正义都来自上帝，唯有上帝才是正义的根源，但是如果我们当真能在这种高度上接受正义的话，我们就既不需要政府，也不需要法律了。"④

共同体，或者说国家，是"每个结合者及其自身的一切权利全部都转让给整个整体"⑤。全部转让之后，共同体再将权利重新分配给抽象个体，因此作为共同体的一分子在政治上应该是绝对平等的，并且民众才是主权的真正来源。"在把自己奉送给国王之前，

---

① ［法］卢梭：《论人类不平等的起源和基础》，李常山译，商务印书馆1997年版，第63页。
② 同上书，第98页。
③ 同上书，第84页。
④ ［法］卢梭：《社会契约论》，何兆武译，商务印书馆2005年版，第45页。
⑤ 同上书，第19页。

人民就已经是人民了。这一奉送行为的本身就是一种政治行为，它假设有一种公共的意愿。"①

　　近代社会契约论的构建产生两个非常突出的特点。第一个就是脱离具体历史的抽象个体。这是抽象理性自身要求的结果。数学式的运算建立在同质的量这一基本前提之上，用黑格尔的说法，"当我们说大小的概念在于可增可减时，这就恰好说明大小（或正确点说，量）与质不同，它具有这样一种特性，即'量的变化'不会影响到特定事物的质或存在"②。在这种情况下，一切历史性要素都被视为异质性的成分，破坏同质化运算的前提。近代社会契约论者被迫走上不断还原的道路，而还原的结果就是非历史化的原子化个体。

　　这种原子化的个体具备一种近似冷漠的理性。这种可计算性下的抽象个体可以彻底控制自己的激情。比起正常人类，他更接近冰冷的机器，通过将所有事物放在所谓绝对公平的尺度进行衡量，作出最有利的选择。这种理性个体的最大特点就在于将个体生命也纳入计算的考量中。由于在原始的契约中他们已经将自己的权利让渡于共同体，为了避免共同体崩溃，他们必须牺牲自己保卫共同体本身。

　　近代社会契约论在确立原子化的抽象个体之后，开始构建它的第二个特点，即一种普遍的国家模式。正如一开始所指出的那样，

　　① ［法］卢梭：《社会契约论》，何兆武译，商务印书馆 2005 年版，第 17 页。
　　② ［德］黑格尔：《小逻辑》，贺麟译，商务印书馆 2013 年版，第 219 页。

霍布斯等近代政治哲学家的根本目标是政治的科学化，他们希望能够在政治领域确立如同近代自然科学一样的标准答案。国家必须如同 1 + 1 = 2 般普遍有效，不受到任何地理、历史和传统的影响，任何的例外都是对普遍性的严重打击。国家也被普遍地还原和抽象化，国家不再是为追求德行而存在，它降格为对于生存的保障。如果说霍布斯还认为国家是"人造的人"，是有"死"的上帝；那么洛克进一步取消国家的神圣性，仅仅将其作为一种单纯的契约看待。

国家的契约也会导致它自身的工具化和中立化。一方面，国家成为一种外在于人的工具，它只处理人类的外在事物，不关心人的内心真实想法。国家仅仅需要满足"对内谋求和平，对外互相帮助抵御外敌"①就足够了。另一方面，作为工具，它本身不应该存在任何偏向性。现代国家的选拔机制实质上可以被理解为不同团体通过某种竞争方式获得使用国家这一工具的资格，任何团体或个人都可以操纵它。

科学化意味政治必须存在普遍的答案。换言之，政治进程被描绘为一条通往必然性的道路。存在一个理想中完美的政治模式，政治任务就是尽可能实现这一目标。但政治理论必须在现实中实践自身，理论家需要通过具体的社会实验证实或者证伪自己的结论。法国革命正是在这种逻辑下走向了政治现实。伯克不无

---

① ［英］霍布斯：《利维坦》，黎思复、黎廷弼译，杨昌裕校，商务印书馆 2010 年版，第 132 页。

讽刺地描述道："这些作家们，像所有鼓吹新鲜事物的人一样，装出对穷人和卑贱者的极大热情，同时他们用种种讽刺极力夸大宫廷、贵族和教士的错误，使之令人憎恶，他们变成了一批蛊惑者。"①

抽象理性的激进性很快体现在它的立法上。法国的新阶层似乎急于扫清旧体制的影响，贵族和天主教是他们针对的重点。这是伯克完全无法接受的情况，按照伯克的理解，贵族和天主教恰恰是法国政治制度的基本构成。1790 年《法国革命论》的出版正式表明伯克的反对态度。次年，君主制的垮台彻底开启了法国革命的暴走。法国以一种令人惊讶的速度滑入道德的深渊，断头台和政治暗杀成为政治的日常。伯克不无讽刺地写道："在这些屠杀中，他们的背叛和残忍作为一种野蛮的正义而发挥作用，即屠杀他们罪行的同谋。"②

在反复劝阻无效的情况下，伯克的激进派朋友也与他分道扬镳。潘恩这样曾经的密友，也成了伯克最激烈的反对者。《人权论》事实上就是潘恩对伯克背叛的控诉。潘恩悲哀地写道，"他对触及他心灵的不幸的现实无动于衷，却被吸引他想象力的披着美丽外衣的现实所打动。他怜惜羽毛，却忘了垂死的鸟"③。

---

① ［英］柏克：《法国革命论》，何兆武、许振洲、彭刚译，商务印书馆1999 年版，第 149 页。

② Edmund Burke, "Fourth Letter on a Regicide Peace", in *The Writings and Speeches of Edmund Burke*：*Vol. 9*，General Edited by Paul Langford, Oxford：Clarendon Press，1991, p. 71.

③ ［美］潘恩：《潘恩选集》，马清槐等译，商务印书馆 1982 年版，第 126 页。

第二节 《法国革命论》与革命暴政

　　1788 年对于英国来说是一个具有象征意义的日子。一百年前的光荣革命重塑了英国的政治格局，但是法国革命的传来产生一个新问题。许多英国的激进分子将法国革命视为一场新的光荣革命，他们呼吁英国在积极支持这场革命的同时，也需要向法国学习，进一步推进革命的目标，这种情况激起了伯克的警惕。无论法国革命是否会在未来表现出激进性，将法国制度复刻到英国是伯克长期拒绝的想法。早在 1770 年他就指出法国的亲幸制不适合英国，"正是这种不自然地将偏袒制度注入一个在很大程度上属于民众的政府的做法，在全国引起了目前的热潮"①。

　　《法国革命论》本身反映了伯克的这种焦虑。它开始于对普莱斯博士的批判。普莱斯是法国革命的积极支持者，并且鼓吹将法国革命进一步引入英国本土。更为关键的是，普莱斯公开接受抽象理性所推导出的天赋人权学说，要求英国民众将自己视为某种意义上的世界公民，而非特定国家的民众。对伯克而言，美洲革命中被有意忽略的问题已经成长为现实的威胁，抽象理性已经不再是沙龙里的时髦话题。"在法国大革命之后，由意识形态驱动的对英国宪政的攻击，对国内政治秩序的安全构成了威胁。英吉利海峡两岸的事

---

① Edmund Burke, "Thoughts on the Present Discontents", in *The Writings and Speeches of Edmund Burke*: *Vol. 2*, General Edited by Paul Langford, Oxford: Clarendon Press, 1981, p. 276.

件让人想起了 1648 年，而不是 40 年后的光荣革命。"①伯克不无担忧地写道："我现在能够庆祝同一个法国享有着自由吗？是不是因为抽象的自由可以列为人类的福祉，我就可以认真地对一个疯子逃出了他那监禁室的防护性的约束和保护性的黑暗，而祝贺他恢复了享受光明和自由呢？"②

伯克对法国革命的具体批判围绕两个关键问题展开，即法国的选举制度和天主教地位。伯克指出，法国想要实行的新选举制度存在三个重要的问题。第一，整个选区制度的设计就是为了巩固巴黎对其他地区的控制权。"这个王国的其他区域被撕成了碎片，并且脱离了他们全部的习惯办法，甚至于统一的原则，所以至少在相当时间内，无法联合起来对抗她"③，革命者最主要集中在巴黎这样的大城市。换言之，革命派通过看似公平的选举制度赋予自己垄断的优势。

第二，新的选举制度存在逻辑上的自我冲突。它同时遵循两条规则。一方面，它按照平均的人口数量选举议会成员；另一方面，它又以缴纳的税收作为选举议员的门槛。它表面上宣传天赋人权人人平等，实际上富有者占据更多的权力。伯克指出，"这场革命所获得的全部权力都将会落在城里的市民以及那些左右他们的金融领

---

① Richard Bourke, *Empire and Revolution*：*The Political Life of Edmund Burke*，Princeton & Oxford：Princeton University Press，2015，p. 700.

② ［英］柏克：《法国革命论》，何兆武、许振洲、彭刚译，商务印书馆 1999 年版，第 10 页。

③ 同上书，第 255 页。

导人手中"①。

第三，如同卢梭的公意堕落为众意一样，具有强烈平均主义特征的选举制度不能消除派系之见，它反而会为派系力量提供更多的可能性。一个典型的例子就是军队。由于军队也是由具有投票权的民众构成，它自身就是一个巨大的利益集团。更重要的是，与其他利益集团不同，它掌握国家最大的暴力机器。"事物的本性就要求，军队只能是作为一种工具而行动。一旦它使自己成为一个决策机构，它就会根据它自己的决定而行动，而政府，不管它可能是政府，就马上会蜕变为一种军事民主制。"②

在这种情况下，拿破仑在未来的登场就是一件不足为奇的事情。"直到某一个懂得安抚军人的艺术并具有指挥的真正精神的受人拥戴的将领，……军队将由于他个人的原因而服从他。……真正指挥着军队的人就成了你们的主人；成为你们国王的主人，你们议会的主人，你们整个共和国的主人。"③伯克的这种表达绝非是单纯的修辞手法，他看到，一旦将这种抽象的个体平等灌入到实践中，军事独裁是无法避免的结果。"革命的军事化最终会导致革命的灭亡。迟早，政府会失去控制和约束军队的能力。"④

天主教是《法国革命论》特别关心的另一个问题。革命派对待

---

① ［英］柏克：《法国革命论》，何兆武、许振洲、彭刚译，商务印书馆1999 年版，第 252 页。

② 同上书，第 274 页。

③ 同上书，第 283 页。

④ James Conniff，*The Useful Cobbler：Edmund Burke and the Politics of Progress*，New York：State University of New York Press，1994，p. 225.

宗教的态度遵循了霍布斯以来的基本逻辑，将国家和宗教作为两种不同的契约关系进行对待。对法国天主教的强制控制和剥夺，不仅符合抽象理性的需要，也能产生大量现实的政治利益，法国天主教的财产可以用来赞助革命事业的发展。

革命派的做法显然忽视天主教对法国的积极作用。法国天主教会在传播知识以及调和社会矛盾等许多方面都作出过重要贡献。公正地说，"事实上，启蒙运动的起源在于现代文学的重生，这些文学是由神职人员培养和贵族资助的"①。革命派的做法说明自身的冷酷无情。他们是卢梭的精神信徒。他们像卢梭一样悲天悯人的同时，又像卢梭一样将自己的孩子丢弃在天主教的育婴所。

天主教是法国自我身份认同的重要部分。②失去天主教，意味法国丢失自己的历史传统文化，法国也将不再是法国。伯克写道，"请允许我说一句，我对这个新创造的法国还不是很熟悉，如果没有仔细的研究，我不愿意用货币来代替旧的路易金币。"③革命者的目的不是实现宗教的解放，而是一种新形势的宗教压迫。"在伯克看来，法国虚假的启蒙使者所承诺的，不过是一个建立在迫害基础上的反基督教机构。"④

① Richard Bourke, *Empire and Revolution：The Political Life of Edmund Burke*, Princeton & Oxford：Princeton University Press，2015，p. 720.
② Frank O'Gorman, *Edmund Burke：His Political Philosophy*. London & New York：Routledge, 2014，p. 145.
③ Edmund Burke, "Fourth Letter on a Regicide Peace", in *The Writings and Speeches of Edmund Burke：Vol. 9*, General Edited by Paul Langford, Oxford：Clarendon Press, 1991，p. 51.
④ Richard Bourke, *Empire and Revolution：The Political Life of Edmund Burke*, Princeton & Oxford：Princeton University Press，2015，p. 721.

法国革命的进程再次验证了伯克的预言。它上台后不久，关闭所有的教会和修道院，成系统地驱赶天主教教士与修女。迈斯特写道，"暴虐的政权丝毫不顾公正和廉耻，将成千上万的神职人员驱逐出国"①。他们完全凭借自己对抽象理性的信任，试图建立一种被称为自然宗教或者公民宗教的东西。

伯克在革命派的政策中看到他始终恐惧的问题，也就是暴政的可能性。特别是当伯克认为黑斯廷斯已经在印度实行如此暴政的情况下，法国似乎在暴政的路上走得更远。"黑斯廷斯的暴政，或者说他的统治体系，在很大程度上是一系列的行政实验和对多变的政治环境的临时调整，而且相对来说是无理论的；事实上，缺乏改造社会的意识形态热情或理性主义计划是印度的压迫者与法国的革命者不同的主要因素之一。"②伯克在这种潜在的暴政中看到了无政府与极权的双重恐怖。

一方面，无数的革命派痛批国家的罪恶。他们要求废除所有的税收和管制，确立自己对自己的绝对主权。每个人都成为想要成为自身意志的绝对主宰者。他们的目的是实现自己的意志。国家是一种潜在的阻碍因素。特别是当自己的意志与国家政策冲突时，国家可能会被视为需要抛弃的部分。

问题是，抽象个体的无限自由意志之间存在着难以缓解的紧张

① ［法］约瑟夫·德·迈斯特：《论法国》，鲁仁译，上海世纪出版集团2005年版，第38页。

② Frederick Whelan, *Edmund Burke and India Political Morality and Empire*, Pittsburgh：University of Pittsburgh Press，1996, p. 124.

关系。特别是当同质化的抽象个体排除所有的特殊性因素时，它不能利用血缘、共同的生活和共同情感制衡意志之间的冲突。"对一个国家来说，没有什么比极端的自私自利和完全不考虑别人自然会希望或担心的事情更致命的了。"①在这种情况下，强力是唯一能够迫使其他意志屈服的办法。这种强力决不允许诸如法律这样的规则限制自己意志的活动。"法律和专断权力之间存在着永恒的敌意。"②无限意志必然首先陷入一种普遍的无政府状态，"卢梭的信徒们破坏了使人类享有特许权利成为可能的框架，从而使人类沦为无政府状态或奴隶"③。

另一方面，革命派竭力控制国家机器，使自己的意志成为唯一的意志。正如上文指出，近代社会契约论下的国家是中立性的统治工具，本身不具备任何内在目的。"对于表现在技术层面的中立性来说，其关键在于，国家的种种法律都要独立于任何内容实质性的、宗教的或者法律的真理和争议，并且只是因为国事决定的实际确定才有效力的命令准则。"④一旦成功夺取国家机器，抽象个体就可以将自己的个体意志变为国家意志。

---

① Edmund Burke，"Remarks on the Policy of the Allies"，in *The Writings and Speeches of Edmund Burke*：*Vol. 8*，General Edited by Paul Langford，Oxford：Clarendon Press，1989，p. 483.

② Edmund Burke，"Opening of Impeachment 16 February 1788"，in *The Writings and Speeches of Edmund Burke*：*Vol. 6*，General Edited by Paul Langford，Oxford：Clarendon Press，1991，p. 351.

③ Russell Kirk，*Edmund Burke*：*A Genius Reconsidered*，Peru：Sherwood Sugden & Company，Publishers，1988，p. 162.

④ ［德］卡尔·施米特：《霍布斯国家学说中的利维坦》，应星、朱雁冰译，华东师范大学出版社 2008 年版，第 81 页。

国家意志背后的个人意志决不允许其他个人意志挑战它的地位。"理性的思考，脱离了习惯和环境，会破坏传统，从而使人自我毁灭。"①合乎理性的方式就在于保证其他抽象个体的意志不再能够动摇他的位置，这必然需要通过贬低他人的意志达成这一点，这种贬低的极致就是人的工具化。"他们企图尽力把所有各种公民都混为一个均一的群体，然后又把他们的这种混合物分成为许多不相连贯的共和国。他们把人们贬低为仅仅为单纯记数用的零散的筹码，而不是其力量产生于它们在那张表上的位置的数字。"②人类第一次陷入极权的危险之中。

法国革命的发展充分说明了无政府和极权之间的紧密联系。罗伯斯庇尔是一个典型的例子，他试图以一种极端专制的方式将所有的权力掌握在自己手中。他的权力是如此巨大，以至于完全超过封建时期的法国王权的鼎盛状态。但他的权力是如此的不稳固，以至于他一直处于无法摆脱的政治动荡中。在巴黎，政治暗杀是一项流行的风尚。最具讽刺性地说，罗伯斯庇尔本人就是这种风尚的注脚。"他们采取了一种简短的革命方法，以一种非常残忍和残忍的方式屠杀了他。"③罗伯斯庇尔以自己的命运证明，无政府与极权只

---

① Bruce Frohnen, *Virtue and The Promise of Conservatism*, Kansas: University Press of Kansas, 1993, p. 43.

② ［英］柏克：《法国革命论》，何兆武、许振洲、彭刚译，商务印书馆1999年版，第 240 页。

③ Edmund Burke, "Fourth Letter on a Regicide Peace", in *The Writings and Speeches of Edmund Burke*: Vol. 9, General Edited by Paul Langford, Oxford: Clarendon Press, 1991, p. 85.

是抽象理性逻辑下的一丘之貉。

国家与民众的对立就是这种暴政的直接结果。即便在最积极的意义上，国家也是对自由的一种限制，或者是一种必要的恶。这种对立暗示了三个影响。首先，国家和民众被解释为两个独立的实体。按照传统的理解，国家与民众被认为存在特殊的历史联系，这种联系是民族历史和长期共同生活所塑造的印记。换言之，民众一开始就处于国家之中，而不是和国家相互对立的实体。革命派反其道而行之。"现在在我们中间如此忙碌的各个派系，为了剥夺人们对国家的爱，并从他们的头脑中去除对国家的所有责任。"①抽象的民众仿佛存在于真空之中，可以脱离国家独立存在，近代社会契约论者的自然状态就是真实的写照。

其次，国家和民众的关系在本质上是对立的。即便在最积极的意义上，国家也是对抽象个体无限意志的一种限制。抽象理性个体将国家的限制视为一种奴役，解决的办法就是推翻这种奴役，国家与民众的关系也从一种含情脉脉的家庭关系变成了冷酷的压迫和反抗关系。

最后，也最重要的是，民众被赋予一种任意推翻国家的权力。"民众可以合法地废黜国王，不仅是为了不正当行为，而且没有任何不当行为。"②即便一个统治良好的政府，也可能由于民众的任性

---

① Edmund Burke, "Appeal from the New to the Old Whigs", in *The Writings and Speeches of Edmund Burke*: *Vol. 4*, General Edited by Paul Langford, Oxford: Clarendon Press, 2015, p. 440.

② Ibid., p. 441.

而被替换。政治沦为彻底的暴民政治，不再有任何的稳定性和长期性。它事实上变成民众的谄媚者而非民众的指导者，"从伯克的角度来看，天赋人权学说代表了对凝聚力和责任感价值观的讨伐，因此有可能彻底摧毁社会和政府"①。

通过塑造国家与民众之间的二元对立，雅各宾派毫不犹豫地宣称他们站在民众一边，在缺乏授权的情况下宣称自己是民众的真正代表。这为他们带来许多的优势。第一，他们可以将自己一切堕落的行为以民众的名义加以正当化；第二，他们通过将民众神圣化的同时，将自己也伪装为善良和正义的化身；第三，他们也可以将一切的错误归咎到民众身上，洗脱自己身上的罪责。

暴政的最终结果就是德行在政治中彻底消失。正如伯克指出的那样，德行是一种规范性的力量。它与暴政是根本对立的产物。无论革命派怎么宣传自己的道德纯粹性，但事实上社会却陷入一种普遍的恐怖之中。迈斯特评价道："这个美丽王国的整个大地上不是遍布断头台吗？这块不幸的土地浸透了它的孩子们的鲜血，而这些孩子都是通过法院被屠杀的。那些毫无人性的篡权暴君，为了支持对外的、维护其自身特殊利益的残酷战争，毫不吝惜地滥用孩子们的鲜血。"②这种评价可能不完全公正，但历史学家的确观察到革命时期普遍存在的暴行。

---

① Richard Bourke, *Empire and Revolution: The Political Life of Edmund Burke*, Princeton & Oxford: Princeton University Press, 2015, p. 741.

② ［法］约瑟夫·德·迈斯特：《论法国》，鲁仁译，上海世纪出版集团2005年版，第34页。

伯克将这种道德堕落归咎于启蒙哲学家，特别是卢梭本人的缺陷。伯克对卢梭的厌恶，可能与两人的直接接触有关。当卢梭被休谟邀请去英国避难时，作为休谟的朋友，伯克数次与卢梭共同参与社交沙龙。卢梭的言辞被伯克视为放荡和不负责任的表现。"如果卢梭还活在人世，在他某个清醒的片刻，他是会对他的学生们的实践的狂热感到震惊的——他们在他们的悖论中乃是奴性十足的效颦者，并且即使是在他们的毫无信心之中也会发现有一种隐然的信仰。"①

伯克对待卢梭的态度暗示他拒绝将个人的道德品行和他的政治理论相分离。"人的道德感知与他的本能生活是紧密相关的，它不会脱离内心深处的情感波动而存在，甚至也不会被激情的高涨所淹没或压制。"②潘恩可能将这种道德上的堕落视为暂时性的问题，甚至是矫枉过正的手段，民众的残酷性恰恰反映了前统治者的残酷性。然而，潘恩的解释是否站得住脚是一个需要讨论的问题。从更深程度看，抽象理性在去除一切历史特殊性成分之后，它无法给予德行足够的客观性，也无法阐明德行应该如何在具体现实中展开。"新的礼仪规范通过攻击道德的双重基础而完全免除了道德：基于相互爱戴的人类共同情感；以及基于对全能上帝的尊重的责任感。"③

---

① ［英］柏克：《法国革命论》，何兆武、许振洲、彭刚译，商务印书馆1999年版，第223页。

② Charles Parkin, *The Moral Basis of Burke's Political Thought*，New York：Russell & Russell，1956，p. 81.

③ Richard Bourke, *Empire and Revolution：The Political Life of Edmund Burke*，Princeton & Oxford：Princeton University Press，2015，p. 741.

平等、自由、博爱成为口号化的空集。抽象理性允许为了达到目的而不择手段，这为一种彻底的马基雅维利主义打开了大门。换言之，政治与道德的强制分离，才是道德系统性堕落的罪魁祸首。伯克精辟地解释道，"道德上的法国与地理上的法国分裂了"①。

第三节　反对理性狂热

法国革命局势的变化愈发验证了伯克的悲观态度。如果说1791年的宪法还试图以某种被伯克称之为自相矛盾的选举制度平衡各方面的利益。那么到了1793年，雅各宾派将单一的原则推演到了极致。在1793年宪法的第二十一条，雅各宾派明确宣布，人口是国民代表的唯一基础。为了追求原则的自洽性，他们彻底无视一切现实的历史的地理的自然划分。事实上这份宪法也由于过于激进，而没有在现实中实行，以至于他开始怀疑，为何上帝需要对人类历史施加如此苦难。

英国国内的激进派始终没有放弃对法国革命，特别是革命理念的支持。他们将抽象理性所塑造的天赋人权与英国光荣革命的原则相融合，为自己提供新的理论推动力。可能令伯克更悲哀的是，他长期的密友、议会中坚定的同盟者、罗金汉姆死后辉格党的重要领

---

① Edmund Burke, "Remarks on the Policy of the Allies", in *The Writings and Speeches of Edmund Burke*：*Vol. 8*，General Edited by Paul Langford, Oxford：Clarendon Press, 1989，p. 465.

袖福克斯，就是激进派最重要的代表。《法国革命论》发表之后，两者的裂痕愈发严重。"伯克可能是作为政治家的手册而写的，也可能是为一个能够调动辉格党人反对革命的意见的政治家而写的。"①但伯克的目的显然失败了，他与福克斯在辉格党原则的问题上始终无法调和。福克斯派的辉格党人愈发将伯克视为辉格党的叛徒，其他派系的辉格党人则碍于福克斯的地位，保持沉默，这使伯克被迫发表了《新辉格党人向老辉格党人的呼吁》，以维护自己的立场。

伯克与福克斯的决裂最终以他戏剧性地越过下议院的过道坐到小皮特的一边呈现。他充满悲伤地说道，"他决心与他最好的朋友决裂，并与他最坏的敌人一起阻止它"②。从这一刻起，伯克脱离他服务了数十年的辉格党。1793 年，在托利党人和大部分辉格党人的支持下，英国正式对法国宣战。

第三章已经指出伯克与福克斯决裂对辉格党产生的影响。伯克与福克斯的决裂之深，以至于伯克拒绝在临终前与福克斯和解。不过这也标志伯克对法国革命关注重点的转移。在脱离辉格党前，伯克需要施加大量的精力用于强调辉格党光荣革命传统与法国革命之间的区别。这是英国政治制度的根基所在，也是它优越性的来源。"这并不是说伯克建议其他国家效仿英国的政体。他们有自己的传

---

① David Bromwich, *The Intellectual Life of Edmund Burke*, London & Cambridge: The Belknap Press of Harvard University Press, 2014, p. 15.

② Edmund Burke, "Appeal from the New to the Old Whigs", in *The Writings and Speeches of Edmund Burke*: *Vol. 4*, General Edited by Paul Langford, Oxford: Clarendon Press, 2015, p. 389.

统制度，他们应该利用这些制度来为自己的利益服务。"①

法国革命的狂热化在客观上减少了它与光荣革命的相似性。福克斯本人的态度也在法国革命的后期出现动摇。对伯克而言，现在的问题在于指出法国革命的狂热本质以及它对于世界不可遏制的欲望。尤其是1795年伯克从议会退休后，他花费大量的精力用以反对英国与革命法国的和谈。当小皮特出于现实的地缘政治利益而出现妥协倾向的时候，伯克反复向他建议继续战争。"在他看来，革命由于其意识形态和帝国主义方面的原因，不可能被遏制在法国境内，而且由于其本身的性质，会一直蔓延下去，直到它遭遇到优越的道德和政治力量。"②

伯克敏锐地注意到法国革命所依赖的天赋人权理论背后的理性狂热。信奉抽象理性的革命派都接受近代社会契约论的一个基本观点，即理性推理本身应当是正确的。这种抽象理性的思考方式暗含一种排他性的结论：如果政治如同近代自然科学一样存在标准答案，那么这种答案应该满足普遍性和排他性两个特征。霍布斯、洛克和卢梭推导出南辕北辙的结论，这不影响抽象理性在方法论上的有效性。问题更多来源于没有找到真正的前提，正如1＋1不等于3一样，革命派只需要知道那个唯一正确的答案。

人类的通病之一就是往往倾向于高估自己。当革命派碰到不同

---

① Frank O'Gorman, *Edmund Burke：His Political Philosophy*. London & New York：Routledge, 2014, p. 150.

② James Conniff, *The Useful Cobbler：Edmund Burke and the Politics of Progress*, New York：State University of New York Press, 1994, p. 226.

意见时，他们很少怀疑是自己的推理出现错误。他们对自己的智力愈发自信，就愈不可能摆脱这种认知。在纯粹的智力思考中，这种态度是顽固的，甚至是令人讨厌的；但一旦将它运用到政治实践中会产生灾难性的结果。一方面，对于自身正确性的坚持，使得他们将对理性的信仰转化为理性的狂热。另一方面，在已经确认完美政治模式的情况下，唯一的问题就是如何尽快达成它。拖延和阻碍在道德上令人难以忍受。理性的狂热最终告诉革命派，"如果不能及时地达到完美，就必须消灭邪恶的蒙昧分子和反动派，因为如果不是人类的无知和恶意的阻碍，进步肯定会胜利的"①。

　　理性狂热由于完美政体的不可行性而被进一步加强。作为抽象理性信奉者的假设，完美的政体并未在人类的历史真实存在过。"数学提供了清晰的、可验证的答案，仅仅因为它本质上是有问题的——它是一个为询问者提供问题和答案的人造系统，而这些问题仅以其自己的术语来表述。"②现实世界不可能存在理论上的完美状态，现实的政治就是不断面对各种复杂的情况。"伯克认为，那些在原则上把所有社会弊病都归咎于管理者、既定机构和政府形式的人，是危险的天真者和任性的愤世嫉俗者。"③这些人的内心只存在抽象的理论，但他们对抽象理性的信任使得他们拒绝这

---

① Russell Kirk，*Edmund Burke：A Genius Reconsidered*，Peru：Sherwood Sugden & Company，Publishers，1988，p. 168.

② Bruce Frohnen，*Virtue and The Promise of Conservatism*，Kansas：University Press of Kansas，1993，p. 16.

③ Peter Stanlis，*Edmund Burke and The Natural Law*，New Brunswick and London：Transaction Publishers，2003，p. 174.

种现实。既然现实不存在完美，那么就直接改造现实。"他们已经准备好宣布，他们认为两千多年的时间对他们所追求的利益来说太长了。"①

理性狂热产生了与宗教狂热类似的效果。狂信徒们以理性为名，压制甚至抹除一切被他们视为敌人的个体。"于是出现了'武装主义'，这是一种倒置的宗教，它利用中央政治权力和武器力量强制人们遵守它的'理性'信条。通过摧毁古老的制度和信仰，通向乌托邦的道路必须被扫清。"②

在人类历史上，第一次出现了以抽象的形而上学思想为指导的政治运动。抽象理论深刻地影响了革命的每一个细节。当大多数人被法国革命中令人眼花缭乱的变化所迷惑时，伯克对实践中的被动性非常敏感。就像舞台上的演员一样，革命派只是按照抽象理论的剧本进行表演。这场革命终将以军事独裁结束。在抽象理性的统治下，所有的实践都变为理论的附庸。"人们越是深入研究这场革命中那些看上去最活跃的人物，越会发现他们身上带有某些被动的、机械性的东西。再重复一遍这句话亦不为过：并不是人带动了革命，而是革命利用了人。"③

---

① Edmund Burke, "Letter to a Noble Lord", in *The Writings and Speeches of Edmund Burke：Vol. 9*, General Edited by Paul Langford, Oxford：Clarendon Press, 1991, p. 176.

② Russell Kirk, *Edmund Burke：A Genius Reconsidered*, Peru：Sherwood Sugden & Company, Publishers, 1988, p. 168.

③ ［法］约瑟夫·德·迈斯特：《论法国》，鲁仁译，上海世纪出版集团2005年版，第28页。

　　抽象理论的实现方式可以被这样描述。它假定一个明确的目标，唯一的问题是如何达到这一目标。不同的革命派可能在抽象理性的推论中得出不同的实现路径。"他们的政治建立在真理而不是便利性之上；他们声称，通过他们毫无疑问的权利，可以让人们获得确定的幸福。"①这种政治实践与实验室的实验没有实质区别。实验室的实验也具有相似的步骤：科学家提出一个未经现实验证的理论假设，通过反复的实验确认自己理论的准确性。

　　实验室般的实验不存在政治上的自由。它的一切都是提前计划好的，实验本身不具备独立的价值。它自始至终都是为了理论的拟合而服务的。从某种意义看，法国革命的发展是抽象理性逻辑演绎的必然结果。"最后，在适当的时候出现了拿破仑，他平息了凶残的气氛。但反过来，他又要牺牲欧洲数百万无辜者的生命，因为他冷酷无情、愤世嫉俗的军事和政治野心。"②法国革命就是抽象理论搭建舞台，革命派是这幕戏剧的主演。他们可能有一些令人意外的举动，但不会超出预定的范围。

　　传统政治理念则不同，它不寻求一种数学性清晰明确的目标。"建立政府的基础不是想象的人权，而是政治的便利性和人的本性。"③政治经验来源于具体的日常生活。政治不是抽象理性预想设计好的剧本，而是对各种突发事态的紧急处置。在这种处置过程

---

　　①③　Edmund Burke，"Appeal from the New to the Old Whigs"，in *The Writings and Speeches of Edmund Burke*：*Vol. 4*，General Edited by Paul Langford，Oxford：Clarendon Press，2015，p. 470.

　　②　Dennis O'Keeffe，*Edmund Burke*，New York & London：Continuum，2010，p. 55.

中，政治家需要依赖道德审慎和自己敏锐的判断力，寻找到可能的处理办法。"这是温和的，那是严厉的；这是基于有效果的经验，那则是新构想；这个可以立即产生和解的实际效果，那个却遥远不可期，充满了危险。"①只有摆脱抽象理性的宰制，才可能为真正的主观能动性提供空间。

正是在这一意义上，伯克否认百科全书派的做法，认为不可能编撰出一本包含一切具体执行方式的政治手册。这种编撰本身与编撰成文法没有任何区别。在缺乏具体的判例和习惯法的支撑下，单纯的成文法无法适应现实社会不断变动的情况。即便怀揣着最美好的愿望和最高超的立法水平，随着时间的推移，它将日益陷入纯粹形式主义的桎梏之中，与现实产生愈发严重的差距。"狂热的理想主义没有意识到，如果不考虑场合和情况而追求最大的抽象利益，它可能会变成邪恶；今天的药可能会变成明天的毒药。"②

除此之外，社会实验缺乏实验室实验所需求的可重复性。实验科学本质上是通过可重复性实验，确认自己理论与现实的拟合程度。用怀特海的话说，对于现代科学，"没有重复现象就不可能有知识"③。问题是，在缺乏重复对比的情况下，各种理论将陷入相

---

① Edmund Burke, "Speech on Conciliation with America", in *The Writings and Speeches of Edmund Burke*: *Vol. 3*, General Edited by Paul Langford, Oxford: Clarendon Press, 1996, p. 162.

② Charles Parkin, *The Moral Basis of Burke's Political Thought*, New York: Russell & Russell, 1956, p. 99.

③ ［美］A. N. 怀特海：《科学与近代世界》，何钦译，商务印书馆 1989 年版，第 31 页。

互竞争的环节，无法得到分辨。比如在地质学问题上，由于无法重复八千年前地中海季风深入北非地区的情况，地质学家至今无法确定究竟是基于何种原因，导致这一情况的出现。强行在人类社会进行大规模的政治实验既不道德也不合理，除非"他们认为，除了他们所追求的不利于千百万人目前的幸福、使几十万人彻底毁灭的手段之外，他们找不到其他方法来建立一个适合于实现其合理目的的政府"①。

理性狂热也是 1789 年法国在没有明显政治危机的情况下崩溃的原因。伯克对待法国革命的一个基本立场就是，1789 年前法国的形势没有严重到需要通过激进革命进行改变的地步。他以法国的财政收入为例指出，1789 年法国的财政形势实际上正在好转。他质疑，"法国旧政府是不是真的无法改造或不值得改造，以至于绝对需要立刻把整个的组织推翻，并为取代它而建立一座理论的和实验的大厦扫清底盘?"②

伯克从来没有反对过革命作为一种策略的有效性。革命是一种在极端情况下恢复传统的重要手段。考虑到革命不可避免的破坏性，这种手段只能是在没有任何替代方案的时候才具有使用的正当性，伯克甚至指出被革命派攻击的教士阶层在革命前甚至主动放弃

---

① Edmund Burke, "Appeal from the New to the Old Whigs", in *The Writings and Speeches of Edmund Burke*: *Vol. 4*, General Edited by Paul Langford, Oxford: Clarendon Press, 2015, p. 383.

② ［英］柏克:《法国革命论》，何兆武、许振洲、彭刚译，商务印书馆 1999 年版，第 167 页。

税收的豁免权。"在三级会议召开之前，他们已经向他们的代表们发出了明确的指示，要放弃一切使他们的立足点不同于其他法国臣民情况的豁免权。"①

1793 年后法国革命的变化也证实了理性狂热的自我激进化。革命法国很快开始了对周边国家的武装干涉，并且将自己的抽象制度推广到自己的占领区域。革命法国的不断胜利一度让小皮特产生和谈的愿望，他从纯粹的地缘政治平衡角度认为，暂时与法国休战是一桩有利可图的事业。伯克严肃地指出，小皮特的想法没有考虑到革命法国的本性。以抽象理论武装自己的法国，必然将全欧洲甚至全世界作为自己的目标，休战只是基于革命法国喘息和壮大的空间。伯克写道："我认为一场反对雅各宾派和雅各宾主义的全面战争，是把欧洲（包括英国在内）从一场真正可怕的革命中拯救出来的唯一可能的机会。"②

这场的战争不是两个基督教文明国家在威斯特伐利亚体系下的常规战争。"革命者是不会遵守休战的。唯一的安全在于团结和不懈的斗争。"③这是两种截然不同的政治理念的对决。伯克可能预见到即将到来的恐怖时代。革命法国前所未有的专制程度，让其转化

---

① ［英］柏克：《法国革命论》，何兆武、许振洲、彭刚译，商务印书馆1999 年版，第 158 页。

② Edmund Burke, "Observations on the Conduct of the Minority", in *The Writings and Speeches of Edmund Burke*：*Vol. 8*，General Edited by Paul Langford，Oxford：Clarendon Press，1989，p. 404.

③ James Conniff, *The Useful Cobbler*：*Edmund Burke and the Politics of Progress*，New York：State University of New York Press，1994，p. 235.

出超乎寻常的武力，而各国在这场对决中亦展现出自己的韧性。"但在这个可怕的时刻，我们的政治应该由勇气、决心、男子气概和正直组成"①，各怀鬼胎只能意味各个击破。

伯克对法国革命的态度说明，他从一开始就不接受一种天赋人权的观点。他与近代社会契约论者只不过因为美洲问题成为偶然的同盟。伯克也可能出于最大限度团结政治情感的需要，暂时搁置了问题。至少在当时，抽象理性的直接威胁并没有那么严重，它更多是一种智识阶层的智力游戏。对绝大多数一般民众而言，具体的利益和长期的共同情感才是他们真实的认同。一旦伯克意识到抽象理性成为现实的巨大威胁，他遂划清自己的立场，这种立场甚至包括他对洛克理论直言不讳的批评："政治契约的废除使一个民族回到无政府状态，而不是回到某种前政治的，但仍然是社会的国家。"②

伯克在 1797 年的逝世使得他无法看到这场革命的结局。"伯克冷酷地认为，欧洲正站在另一个黑暗时代的边缘。错误的革命哲学正在整个欧洲蔓延，削弱了它的抵抗意志，破坏了旧社会的支柱，释放了人类最低等的本能。"③他道德十字军的态度也为后世的国际

① Edmund Burke, "Remarks on the Policy of the Allies", in *The Writings and Speeches of Edmund Burke*: *Vol. 8*, General Edited by Paul Langford, Oxford: Clarendon Press, 1989, p. 481.

② James Conniff, *The Useful Cobbler*: *Edmund Burke and the Politics of Progress*, New York: State University of New York Press, 1994, p. 105.

③ Frank O'Gorman, *Edmund Burke*: *His Political Philosophy*. London & New York: Routledge, 2014, p. 143.

干涉提供了可能的借口。伯克对于未来政治的预言，是成功的，也是失败的。他成功预言了法国革命走向军事独裁的结局，但他没有注意到抽象理性依旧会受到现实历史条件的限制。人类历史的韧性可能比伯克预想的还要强。

第七章　爱尔兰问题与宽容

　　对法国革命的反对是伯克一生中最著名的政治事件。这彻底改变了伯克的政治命运，他也一跃成为全欧洲范围内重要的政治思想家。他预见到革命法国不同寻常的特质，这场革命绝不可能停留在法国，而将会对欧洲乃至整个世界产生灾难性的影响。"革命者非但没有转为温和，而且如果不被武力逮捕的话，他们将进一步进行取缔、强迫、没收和中央集权；他们真的打算向他们的世俗锡安进军。"①对抽象理性绝对正确的信仰没有产生法国启蒙主义者期望的和平与繁荣，当狄德罗高呼"理性是信仰的敌人"②时，他可能从未想到理性狂热能够产生和宗教狂热同样的后果。

　　伯克在印度问题和法国革命中看到了同样的问题，没有限制的权力将不可避免演化为暴政。伯克的整个政治思想都建立在现实与道德的共融之上。暴政将不可避免地摧毁共融的基础。与印

---

　　① Russell Kirk, *Edmund Burke*: *A Genius Reconsidered*, Peru: Sherwood Sugden & Company, Publishers, 1988, p. 173.

　　② ［法］狄德罗：《狄德罗政治著作选》，中国政法大学出版社 2003 年版，第 83 页。

度问题相比，法国革命在抽象理性的武装下，将产生更具破坏力的结果。"伯克认为法国唯物主义者会把人变成机器。他同样确信他们这样做是错误的。事实上，他想，这种尝试本身就会毁掉他所珍视的许多东西。"①作为德行重要基础的习俗很有可能将在这场革命中灰飞烟灭，欧洲的基督教文明共同体也将面临解体的风险。

可能的悲观未来成为晚年伯克挥之不去的阴影。在激烈反对法国革命的同时，伯克承认人类对历史可能的无能为力。"尽管他确信法国革命是一股纯粹的邪恶和破坏性的力量，但早在 1791 年，他就承认，上帝可能会以我们所不知道和不知道的原因使法国革命取得成功。"②这种无力早已体现在《英国史散论》对于罗马帝国的毁灭中，体现在撒克逊人的野蛮入侵中。宿命论、悲观主义和捍卫文明以一种古怪的方式混合在一起。"如果上帝希望旧秩序灭亡，旧秩序就会灭亡，伯克也会按照上帝的意志接受这一事实。与此同时，他将以上帝和文明的名义，为正义而战。"③

伯克的态度也延续到他在爱尔兰问题上的立场。作为伯克的故乡，爱尔兰一直是伯克魂牵梦绕的问题。从伯克开始踏入下议院开始，他一直是爱尔兰利益最重要的捍卫者。从自由贸易到教会法，

---

① James Conniff, *The Useful Cobbler: Edmund Burke and the Politics of Progress*, New York: State University of New York Press, 1994, p. 228.

② Francis Canavan, *Edmund Burke: Prescription and Providence*, Durham: Carolina Academic Press, 1987, p. 171.

③ Ibid., p. 177.

伯克试图赋予爱尔兰人与英国本土民众同等的地位。这种平等是维系帝国的必要条件。特别是在伯克生命的最后两年，"爱尔兰政治在很大程度上已经取代了革命，成为他最关心的问题"①。

颇具讽刺性的是，英国本土对爱尔兰的让步恰恰与法国革命有关。"随着反对法国革命的战争升级，大英帝国面临着生存的斗争，伯克认为爱尔兰已经变得太重要了，不能留给一个小团体。"②他的强烈呼吁终于引起议会和小皮特政府的重视。"1793 年，政府作出了更大的让步；因为来自伯克家族的压力正在成功；在恐怖之年，决不能让爱尔兰的天主教徒流向颠覆性的爱尔兰人联合会的怀抱。"③虽然新法案依旧限制爱尔兰天主教徒进入爱尔兰议会的权利，但他们在投票权和担任公职方面仍获得了重大进步。

与伯克面临的其他问题相比，爱尔兰问题掺杂了伯克最多的私人情感和最长时间的关注。从《改革者》开始，一直到 1797 年伯克临终前，爱尔兰问题跨越了伯克的一生。伯克始终认为："我的拙见是，大不列颠和爱尔兰之间最紧密的联系，对于两个王国的福祉，我几乎可以说，对于两个王国的存在，是至关重要的。"④英国

① James Conniff, *The Useful Cobbler*: *Edmund Burke and the Politics of Progress*, New York: State University of New York Press, 1994, p. 219.

② Richard Bourke, *Empire and Revolution*: *The Political Life of Edmund Burke*, Princeton & Oxford: Princeton University Press, 2015, p. 872.

③ Russell Kirk, *Edmund Burke*: *A Genius Reconsidered*, Peru: Sherwood Sugden & Company, Publishers, 1988, p. 144.

④ Edmund Burke, "To Unknown", in *The Writings and Speeches of Edmund Burke*: *Vol. 9*, General Edited by Paul Langford, Oxford: Clarendon Press, 1991, p. 675.

本土和爱尔兰需要在圣公会和天主教之间找到一条真正共融的道路，而伯克在自己生命的最后时刻没有停止呼吁宽容。

第一节　爱尔兰天主教问题

对伯克而言，爱尔兰有两副面孔。一副是他少年时期所眷恋的爱尔兰乡村。科克郡的乡村在帮助伯克远离都柏林糟糕的空气时，也展示了爱尔兰普通天主教家族的真实面貌。伯克得到母亲家族细心的照料，在天主教亲戚的环绕下，伯克感受到亲人的爱护和平静的道德生活。另一副是喧闹的都柏林生活。作为帝国内部重要的城市，它喧嚣嘈杂，充满着各色人群。它与英国本土紧密相连，能够及时传递伦敦的风向和潮流，年轻伯克的灵感在这种碰撞中激发。不过，伯克个人可能更偏爱乡村的质朴生活。即便后来身处伦敦这一帝国的权力核心，伯克依旧选择背负大笔借款购入市外的庄园。"对于一个童年大部分时间生活在爱尔兰乡村，并承认自己热爱农村的人来说，伦敦的噪音和人群只能忍受这么长时间。"①

事实上，作为一名出身于爱尔兰的英国政治家，他经常遭受其他人不公的指责，指责他是一个秘密的爱尔兰天主教徒、一个来自爱尔兰的政治投机分子。伯克成为罗金汉姆侯爵私人秘书所引起的

---

① Elizabeth Lambert, *Edmund Burke of Beaconsfield*, Newark: University of Delaware Press, London: Associated University Presses, 2003, p. 44.

争议就是一个例子。激进的国教徒攻击伯克在爱尔兰教会法问题上的态度，认为他试图秘密颠覆英国的国教制度。"这一事实使伯克的论点更加可信，即他的敌人甚至在他的摇篮里寻找证据，用来对付他。"①伯克的身份甚至导致他险些在 1780 年的戈登骚乱中被带有强烈加尔文主义倾向的激进国教徒攻击。

如果说美洲问题是伯克进入议会所面临的第一个帝国殖民地问题，爱尔兰问题早已是伯克涉足政治以来面临的第一个帝国殖民地问题。汉密尔顿的职位使得伯克第一次有机会对爱尔兰的现实问题进言献策，1765 年对于教会法的批判就是一个典型的例子。国教徒的法律压制严重破坏了爱尔兰天主教家庭的稳固结构。"有关法规并不满足于号召孩子们反抗他们的父亲，并在他有生之年占有他的财产，而是制定了一些准则，根据这些准则，在许多情况下，孩子们退出对父亲的服从，并不是由孩子自己选择的。"②

本书第一章已经指出，英国在爱尔兰的统治是一种系统的区别政策，这种政策的目的在于保障国教徒对爱尔兰的控制。"17 世纪克伦威尔的入侵使新教徒成为高种姓，从而形成了贫困和排斥制度。"③进入议会后的伯克，致力于改善爱尔兰天主教徒的现状。在

---

① Elizabeth Lambert，"Burke's Irish Connections in England"，in *Edmund Burke's Irish Identities*，Edited by Sean Patrick Donlan，Dublin：Irish Academic Press，2007，p. 64.

② Edmund Burke，"Tracts relating to Popery Laws"，in *The Writings and Speeches of Edmund Burke*：*Vol. 9*，General Edited by Paul Langford，Oxford：Clarendon Press，1991，p. 440.

③ David Bromwich，*The Intellectual Life of Edmund Burke*，London & Cambridge：The Belknap Press of Harvard University Press，2014，p. 27.

1770—1780 年代，他将目光聚焦在爱尔兰的自由贸易问题上。他认为，自由贸易是爱尔兰在帝国内部的正当权利，也是爱尔兰长期忠诚的奖赏。"她被剥夺了勤奋的动力，被排除在通往财富的道路之外，她在内心哀叹，但她从来没有抱怨过自己的处境。她竭尽全力为英国的利益服务，捍卫英国的权利。她曾帮助过那些对她没有任何好处的征伐，掏空了她的金库，荒废了她的土地，以证明她对这个国家的忠诚。"[①]他也为这种观点付出了政治代价。由于爱尔兰的自由贸易将对布里斯托选区的选民产生不利影响，伯克被迫放弃再次竞选布里斯托的议员席位。

爱尔兰问题存在多种表现形式，其中爱尔兰天主教与英国国教的矛盾占据主导地位。这一问题自然存在具体的现实利益斗争，比如英国本土的部分制造业和商业阶层担心爱尔兰的自由贸易会损坏到自己的商业特权。但从根本上看，这种斗争背后是洛克所设定的光荣革命后的宗教理念冲突。为了充分阐释这种思想的演变，我们需要首先回到洛克的基本论述。

洛克关于宗教宽容的论述主要集中在两个部分：一个是 1689 年根据写给好友林堡格的信改编而成的《论宗教宽容》这一小册子；另一个是小册子发表之后与乔纳斯·普罗斯特（Jonas Proast）论战所留下的书信。在今天看来，洛克的这一立场是常见的，也存在明显的缺陷。只要教会是一个存在于现实政治中的团体，它一定

---

① Edmund Burke, "Irish Trade 6 May 1778", in *The Writings and Speeches of Edmund Burke：Vol. 9*, General Edited by Paul Langford, Oxford：Clarendon Press, 1991, p. 520.

会发挥自己的政治影响力，并推动符合自己宗教愿景的主张。这种冲突体现在今日西方世界宗教自由与其他自由的冲突之中。不过，以宗教宽容闻名于世的洛克可能没有大部分人想象得宽容。在强调宽容原则的同时，他还设定了三个例外条件。

首先，宗教观点不能与人类道德准则相违背，"这些道德准则对于保存社会文明是必要的"①。其次，这种宗教不能将自身托付在另一君主的保护之下。这一行为违背了国家作为一种契约的基本要求，导致信徒同时服从于两个不同的绝对权威。教宗至上论者在理念上就与宽容互斥。最后，无神论者也是无法宽容的对象。无神论者对契约和誓言缺乏敬畏，导致契约对其缺乏约束力，他们的最终目的在于消灭宗教。两者在根本目的上存在激烈的冲突。然而，洛克在这里提供了一个例外情况，"只要他们（指无神论者）不试图对他人建立统治关系，或者对教育他们的教会要求豁免，那么他们没有理由不被宽容"②。

洛克的理性构建，主要由两个前提所支撑。第一，他对于宗教宽容的重要创制，是将其转化为一个契约论意义上的个体权利问题。一方面，国家被认为是"人所建立的一种为了固化、保存和增强他们公民兴趣（civil interests）的社会"③，而公民兴趣指的就是生命、自由、健康和对于外在事物（outward things）的财产权力，

---

①　John Locke, *A Letter Concerning Toleration and Other Writings*, Edited by Mark Goldie, Indianapolis: Liberty Fund, 2010, pp. 49—50.

②　Ibid., p. 53.

③　Ibid., p. 12.

政府的职责以及它的全部职责就在于保护这样一种公民兴趣。每个公民有权力按照自身的意愿选择不同的宗教，甚至，洛克认为无论"这种宗教是正确还是谬误"①，只要不对别的人的世俗权利抱有偏见，国家也无权加以干涉。另一方面，教会是"人所自愿组成的社会"②。它与国家一样，也是人基于自由和自愿所组成的社会，所有个体都享有自由进入和退出的权利。教会的权力是来自加入者的相互授予，而不是某种预定的权威。

第二，洛克从霍布斯那里进一步吸收路德因信称义的传统，将宗教解释为一种纯粹内心的事物。他在构建宗教宽容及其限度时，从霍布斯那里吸取了一个基本特征，即政教关系的内外之别。国家指向外在行为，而教会指向人的内心活动。只不过在霍布斯的理论中，宗教的外在形式也属于国家管理的范围。"国家既然只是一个人格，那么应该也只有一种礼拜方式去敬拜上帝。"③霍布斯的确不反对个人在非公共的场合，以一种自己觉得合适的方式进行礼拜。但是，一旦进入到公共领域的环节，就必须按照国家或者主权者的要求礼拜。洛克认为真正的宗教应该服从道德和虔诚的统治，如果只是外在强迫服从于一种崇拜仪式，这不可能是真正意义上的基督教。他甚至讽刺，如果统治者认为"集会会危害公共

① John Locke, *A Letter Concerning Toleration and Other Writings*, Edited by Mark Goldie, Indianapolis: Liberty Fund, 2010, p. 48.

② Ibid., p. 15.

③ Thomas Hobbes, *The English Works of Thomas Hobbes*, *Volume 3*, Edited by Sir William Molesworth, London: John Bohn, Henrietta Street, Covent Garden, 1841, p. 355.

安全，并且威胁国家"①，并据此反对不同教派的公共集会和不同礼拜，那么为什么他们不去反对大家每天聚集在市场和司法审判庭呢？

以这两个前提为依据，洛克站在个体权利的角度上认为，国家和教会是两个绝对分离和区分的事物，"它们之间的界限是固定的和不变的"②。没有任何宗教享有绝对正确性，宗教之间相互平等。天主教由于对教宗至上的绝对服从，使得它不可能真正接受与其他基督教分支的平等地位，天主教或者说教宗至上论者被排除出了宗教宽容的范围。

值得一提的是，从整个政治思想史的发展角度看，洛克宗教宽容中第二个限度中展现出来的思想却成为今日主流政治派别宗教宽容的基本范式。越来越多的人从一种以个人为基础的契约论出发，理解个人与国家、宗教之间的关系。曾经洛克出于政治目的排除的天主教徒和无神论者也被纳入到宗教宽容的范围之中。启蒙主义者将这种范式进一步发扬光大，潘恩在《论人权》中就写道："管好你自己的事吧！如果他的信仰与你不同，这就证明你的信仰和他不同，而人世间没有一种力量能够决定你们谁是谁非。"③作为当代自由主义的代表人物，罗尔斯在《万民法》中也重复了这样的逻辑：

---

① John Locke，*A Letter Concerning Toleration and Other Writings*，Edited by Mark Goldie，Indianapolis：Liberty Fund，2010，p. 54.

② John Locke，*A Letter Concerning Toleration and Other Writings*，Edited by Mark Goldie，Indianapolis：Liberty Fund，2010，p. 24.

③ ［美］潘恩：《潘恩选集》，马清槐等译，商务印书馆1982年版，第258页。

"宗教不能宣称对其他宗教的不宽容乃是正当之举，这乃是它维持下去必需的条件。"①

但在伯克的时代，对天主教的宽容依旧是一件充满争议的问题。绝大多数的新教徒被植入一种根深蒂固的观念，即天主教徒服从于教宗的统治，这是国家与天主教会冲突的原因，也是无法信赖天主教徒的底层因素。霍布斯指出，教宗至高无上的权力将和主权者的权力产生了不可避免的冲突。"根据这一身份，教皇使所有基督徒国王的臣民相信，违背他的意旨就是违背基督本身；在他和所有其他国王之间发生分歧时，就要背弃他们的合法主权者。"②

近代契约论者对待天主教徒的态度恰恰是天主教与圣公会在英国历史中复杂斗争的结果。亨利八世确认自己是英国圣公会的首脑，但是圣公会的统治在英国并不稳固。贵族和历代国王都在两边摇摆。亨利八世本人，也一直尝试与教宗和解的可能性。但亨利八世的目的仅仅在于能够获得合法的再婚权，从而获得健康的男性继承人。"到了1539年，亨利感到，他不再需要欧洲大陆的新教徒们的支持，因此，他着手使他的教会具有他所喜欢的那种强烈的正统的色彩"③，这也侧面可以解释为何圣公会保留了大量的天主教

---

① ［美］约翰·罗尔斯：《万民法》，张晓辉、李仁良、邵红丽译，吉林人民出版社 2001 年版，第 118 页。

② ［英］霍布斯：《利维坦》，黎思复、黎廷弼译，杨昌裕校，商务印书馆 2010 年版，第 558 页。

③ ［美］胡斯都·L. 冈察雷斯：《基督教思想史》（第 3 卷），陈泽民、孙汉书、司徒桐、莫如喜、陆俊杰译，陈泽民、赵红军、许列民校，译林出版社 2008 年版，第 192 页。

要素。

历史的偶然性再次发挥作用。玛丽女王的快速倒台以及伊丽莎白一世的长期统治，为圣公会的统治提供了重要的发育期。1688 年光荣革命的一个重要成果，就是确认新教国王的继承权问题。从此以后，天主教候选人被剥夺了候选资格。洛克作为当时辉格党的灵魂人物，显然不可能没有注意到这一问题的敏感性。对于天主教徒的故意排斥具有强烈的政治动机，而在光荣革命后，对天主教的压制作为一种惯性政策被保存下来。英国本土的目的是明确的，它希望通过这种残酷的压制控制天主教徒的数量及他们的政治权利。

对于出身英国本土的洛克而言，这种做法无可厚非。但对出身于爱尔兰的伯克而言，他陷入普遍的困境之中。他承认光荣革命的正当性，并将这场革命视为维护英国政治制度的典范。问题是，这场革命依旧延续了对爱尔兰天主教徒的残酷镇压。伯克敏锐地注意到，长期的镇压最终会产生潜在的独立倾向。他热爱自己的爱尔兰同胞，将他们视为自己人生重要的部分；他也追求不列颠帝国的统一和强大，自豪于自己是帝国的一分子。美洲革命中伯克在爱尔兰问题上的立场就是这种复杂态度的体现。"美国独立战争爆发时，爱尔兰可以利用英国的尴尬来谋求本土优势。然而，伯克采取了更广泛的观点，主张帝国内部两个国家之间的利益认同。"①

然而，伯克寻求天主教与新教徒和平共处的方案经常遭受激进

---

①　Frank O'Gorman, *Edmund Burke*：*His Political Philosophy*. London & New York：Routledge，2014，p. 94.

国教徒和政治敌人的攻击。1778 年，在伯克等人的努力下，议会通过了《天主教徒法案》，放松对于天主教徒的压制。天主教徒在宣誓效忠的情况下，获得了参军和购买土地的资格。议会的让步与帝国的现实情况密切相关，北美独立战争反而使得天主教徒成为更值得依靠的作战力量。同时，为了弥补兵员的损耗，英国需要大量招募新的战斗人员。但英国本土的国教徒显然不满意这种退让，在戈登勋爵的领导下，1780 年的伦敦很快发生一场骚扰，伯克也成为狂热新教徒的攻击目标。"他与人群混杂在一起，一度被迫拔剑。"[1]

戈登骚乱使得伯克意识到，宽容是一件比他想象中还要困难的事情。"1780 年的戈登骚乱显示了盲目愤怒的后果以及代表在抑制暴民热情方面的作用。"[2]伯克不能停留在诸如共同情感和帝国利益这样的一般说法上，他需要对爱尔兰天主教问题作出更为精确的分析，才能为天主教徒提供更好的和解方式。

第二节　宽容的限度与和解

法国革命的爆发为伯克解决爱尔兰问题注入新的动力。爱尔兰人在法国问题上存在分裂的立场。作为天主教徒，他们讨厌法国革

---

[1]　Richard Bourke, *Empire and Revolution: The Political Life of Edmund Burke*, Princeton & Oxford: Princeton University Press, 2015, p. 417.

[2]　Ibid., p. 375.

命者对天主教的做法。这种对宗教的蔑视是对爱尔兰天主教信仰的公开伤害。作为离英国最近的殖民地，爱尔兰人又从法国革命中读出了民族革命的可能性。特别是爱尔兰人联合会这样的激进组织认为，与法国联合脱离英国的统治是一种现实的做法。对这种可能前景的担忧，加大了伯克对爱尔兰天主教徒的支持。伯克以《南特赦令》为例强调，"路易十四本人都承认这样一种辩解，那就是如果人数众多，这一撤销是不公正的。但是，最显而易见的不就是这一行为本身的不公正么"①。

伯克的复杂性导致我们难以用一种简单的方式评价他。当所有人都以为伯克是更激进的宗教宽容支持者时，伯克却又成了一位论派（Unitarianism）最激烈的反对者。他认为，一位论者不单意欲建立自己的宗教，更意图摧毁现存的宗教。一位论者的宗教诉求之下，隐藏着激进的政治诉求。虽然他们将这掩藏起来，但是"他们试图建立的模板就是那个法国"②。

这种态度的差异再次展现伯克与洛克之间深层次的不同。伯克对宗教宽容的限制主要也体现在三个方面。第一，宗教宽容不能违背传统道德；第二，对新兴宗教的恐惧；第三，对于抽象理性的限制。

---

① Edmund Burke，"Tracts Relating to Popery Laws"，in *The Writings and Speeches of Edmund Burke*：*Vol. 9*，General Edited by Paul Langford，Oxford：Clarendon Press，1991，p. 460.

② Edmund Burke，"Unitarian Petition"，in *The Writings and Speeches of Edmund Burke*：*Vol. 4*，General Edited by Paul Langford，Oxford：Clarendon Press，2015，p. 494.

在第一点上，伯克与洛克在表面上较为接近。他们都承认宗教宽容需要某种道德基础作为支撑。伯克经常会在其排比句中将道德与宗教或者虔诚这样的概念，作为同一类事物。然而，正如我们在上文所指出的那样，以个体为本位的契约论建构才是洛克宗教宽容范式的核心特征。伯克则将道德或者说德行视为历史习俗的产物和保障。道德本身蕴含丰富的集体智慧。甚至在伯克看来，宗教作为人类历史演化的结果，本身就是德行的体现，在原则上不可能违背道德。

在第三点上，两者虽然都反对无神论者，但他们基于不同的理由得出这一结论。对伯克而言，无神论者是抽象理性的结果。一位论者与近代社会契约论者都迷信抽象理性的绝对正确性。一位论者没有宣称自己是无神论者，不过当他们将理性作为解读《圣经》的唯一原则时，他们已经从对上帝的崇拜变成对抽象理性本身的崇拜。一位论者以一种狡猾的方式将自己的观点隐藏起来，"他们的宗教处于一种持续不断的波动中，以至于无论是在原则上还是专业上，我们都不可能知道它将会是什么样子"①。

伯克与洛克更直接的冲突体现在第二点上。伯克始终认为，教会是历史的和习俗的产物，而非抽象个体的集合。正如《英国史散论》指出的那样，现代世界的成果，实际上是教会在保存过去的基础上所孕育出的结果。普世教会也保证了欧洲文明的延续。"宗教

---

① Edmund Burke, "Unitarian Petition", in *The Writings and Speeches of Edmund Burke*：*Vol. 4*，General Edited by Paul Langford，Oxford：Clarendon Press，2015，p. 495.

是人类社会最为重要的纽带之一"①，通过保存古希腊和古罗马的知识遗产，普世教会为欧洲文明的延续作出巨大的贡献。在某种程度上他驯服了日耳曼部落中的某些野蛮做法，将日耳曼人融入欧洲的文化之中。"宗教使人能够在永恒道德法的背景下，判断过去的和短暂的事件。"②教会不可能被还原为一种单纯自愿的契约。

洛克的还原恰恰是一种狡猾的做法。通过将教会认为是某种智识上的抽象构造物，他们可以无视教会在漫长历史中的所作所为。在抽象理性的轻巧推理中，宗教仿佛凭空从历史中诞生出来，没有自己的历史，没有自己的特殊性。他们通过这种方式看似解决了宗教狂热的问题，但他们所构造的绝对自愿社会是一个更恐怖的未来。"一个无情地清除了所有不公正的社会可能会变成一个巨大的监狱。因此，一个一心一意致力于个人自由的社会也可能是这样。"③

在强调习俗重要性的基础上，伯克推翻了洛克政教分离的基本理念，转而强调国家与教会的一体两面。"在基督教国家中，教会和国家是同一件并且是相同的事情；只是作为同一整体的不同组成部分。"④当洛克将教会视为一种抽象的契约时，伯克则指出教会从

①　Edmund Burke，"Unitarian Petition"，in *The Writings and Speeches of Edmund Burke*：*Vol. 4*，General Edited by Paul Langford，Oxford：Clarendon Press，2015，p. 491.

②　Peter Stanlis，*Edmund Burke and The Natural Law*，New Brunswick and London：Transaction Publishers，2003，p. 196.

③　Francis Canavan，*Edmund Burke*：*Prescription and Providence*，Durham：Carolina Academic Press，1987，p. 105.

④　Edmund Burke，"Unitarian Petition"，in *The Writings and Speeches of Edmund Burke*：*Vol. 4*，General Edited by Paul Langford，Oxford：Clarendon Press，2015，p. 491.

古至今就是一种现实的政治力量。英国政治制度的重要来源质疑就是教会带来的基督教规范。"宗教，……的确必须服从于法律，并且将自身处在与其他人类机制相独立。……宗教也不能认为是法律所建立的"，①无论教会与国家是结盟还是对立，都以两者作为独立的实体为出发点。问题是，国家和教会是无法分割的整体。强行将两个混合在一起的事物进行分割，恰恰是伯克在法国革命中一直批判的抽象理性的缺陷。

伯克进一步将习俗特殊性的理念也运用到宗教之中。他拒绝用抽象的权利义务关系解释宽容。宗教宽容不是一种权利，而是源自对于不同国家和地区之历史、文化和传统的尊重。或者更明确地说，宽容是一种德行。爱尔兰天主教是该地区延续了数百年的主体宗教，它与爱尔兰的习俗和道德紧密联系在一起。英国议会的法案是"通过暴力根除一种广泛传播的已经建立的宗教观点"②，议会强行将爱尔兰国教化的行为与法国革命的暴政没有本质的区别。这种大规模的文化转化，往往是激烈反抗和独立意识的开端。即便这种转化获得成功，这片土地的民众也被彻底切断了与自身历史的联系，这种断裂"将他们降格为暴民"③。

伯克通过一种不同的理论立基，使得他得以避免霍布斯和洛克

①② Edmund Burke, "Tracts Relating to Popery Laws", in *The Writings and Speeches of Edmund Burke*: *Vol. 9*, General Edited by Paul Langford, Oxford: Clarendon Press, 1991, p. 466.

③ Edmund Burke, "Letter to Sir Hercules Langrishe", in *The Writings and Speeches of Edmund Burke*: *Vol. 9*, General Edited by Paul Langford, Oxford: Clarendon Press, 1991, p. 597.

所面临的问题。但是，视角的转换亦带来全新的问题。洛克范式用理性假设消解掉历史性，将传统宗教与新兴宗教被还原为相同的质。伯克理论中的历史性因素，则迫使他不得不回应传统宗教与新兴宗教之间所存在的质上的差异。这使得伯克必须对教会的历史进行讨论。比如，对 18 世纪的英格兰地区而言，圣公会已经成为自身的传统宗教；而对于同时期的爱尔兰地区而言，天主教则是自身的传统宗教。对爱尔兰地区的国教化是否可以解释为一种传统宗教对另一种传统宗教的干涉？这种传统宗教间的干涉又能否建立一种正当性的论述？

与伯克的其他问题一样，他没有对这些理论上的问题表现出过多的关心。一个可能的原因是伯克从美洲问题以来一直强调的地区差异性原则，其根本的标准在于这种宗教对该地区的文化有机体而言是否是一种新的存在。圣公会虽然可能已经成为英国本土的传统宗教，但是在爱尔兰，它依旧表现出强烈的外来者面貌，绝大多数人将其视为原有秩序的破坏者，而非正常秩序的一部分。

在这一基础上，我们可以更好地理解伯克对宗教变动的微妙态度。他有一个非常形象的比喻："传统宗教派别就像火山喷发过后——在旧的喷发之后的火山熔岩、灰烬之中诞生出和平的橄榄树、令人欢呼的葡萄树和持续不断的谷物。……然而当新的火焰喷发，一片荒芜到来，并且在相当长的时间内难以改变。"[1]这一比喻

---

① Edmund Burke, "Unitarian Petition", in *The Writings and Speeches of Edmund Burke*: *Vol. 4*, General Edited by Paul Langford, Oxford: Clarendon Press, 2015, p. 492.

展现出伯克两个明确的想法。一方面，新宗教的性质更容易陷入狂热。新旧宗教虽都受到激情这一因素影响，然而新宗教更易被激情所影响，产生狂热的情绪，走向宗教宽容的对立面，也就是宗教狂热。另一方面，相对于老宗教，新宗教更倾向于破坏现存结构，甚至毁灭整个现存结构。

对于伯克的这种解释，我们至少可以提出如下两个非常关键的问题：第一，新宗教是否一定会比老宗教更容易陷入狂热？第二，如果新宗教会更倾向于破坏原有结构，我们又应该如何理解宗教之间的转换，特别是英国从天主教转化为圣公会这一过程？

伯克在第一个问题中作出否定的回答。他所描绘的是一种一般性原则。在他的语境下，一般性原则同时等于承认例外的存在，但例外本身不能推翻一般性原则在大多数情况下的有效性。

一方面，老宗教已经获得了该地区的普遍承认，并且与传统的政治体制形成相对稳定的结构。"这是一个实存的可运作的机制，这一机制享有一种规范的权利被持续下去。"①另一方面，新兴宗教为了使得自身获得支持，往往会有更强烈的激情去宣传自身的主张。它同时在两个方向上更易受到激情的影响。其一是，自保的激情促使新兴宗教努力在这一地区保存自身。其二是，繁衍的激情促使新兴宗教在这一地区进行积极的传播。伯克在《美与崇高》中指出，自保和繁衍是人类强有力的激情。传统宗教的成员同样也产生

_____

① Frank O'Gorman, *Edmund Burke：His Political Philosophy*. London & New York：Routledge，2014，p. 71.

激情。但由于传统宗教已经和该地区的习俗文化相融合，短时间内它的成员不需要担心该宗教的消失。新兴宗教的情况则相反，它的成员必须通过努力吸引信徒，才能保证在该地区的持续性存在，这往往也是新兴宗教更容易陷入狂热的诱因。

对于第二个问题，伯克在纯粹的理论上承认这种可能性。"如果宗教仅仅与个人有关，是上帝和良心之间的问题，让人类权威涉及进来并不明智。"①但在实践上，这种抽象的想法不具备任何的真实性。"意见会与激情结合，……进而意见形成派系"②，"当人们试图形成一种新的联合，用一种新的名字进行区分，他们会将他们的宗教观点与一种政治系统相混合"③。除了主张极端脱离人类社会的隐修士，宗教一定会将自己的力量投射到政治领域之中。两种甚至多种宗教的相互竞争是必然会出现的状况，"公民们会憎恶法律，蔑视业已建立的政体，原来对一种宗教的坚定信奉，将被对两种宗教的疑虑所取代"④。

需要明确的是，伯克对于宗教变动的担忧不等于他拒绝宗教在历史中的变化。习俗本身就是在历史中不断变动的因素，传统宗教也存在于不断变化的现实之中，它需要展现出与这种复杂社会相适应的能力。伯克关注的是，这种改变应该以一种尽量温和的方式

① Edmund Burke, "Unitarian Petition", in *The Writings and Speeches of Edmund Burke*: *Vol. 4*, General Edited by Paul Langford, Oxford: Clarendon Press, 2015, p. 496.
② Ibid., p. 491.
③ Ibid., p. 492.
④ ［法］孟德斯鸠：《论法的精神》，许明龙译，商务印书馆 2013 年版，第555 页。

进行，保证日常生活的稳定与延续。这与伯克对待改革和革命的态度极为一致，除非在极端的情况下，缓慢的改革总是胜过激进的革命。

英国的国教化可以被视为一个较为优秀的案例。伯克不一定喜欢这种变动，但他强调这种变动对于习俗和传统尽可能的尊重。亨利八世感觉到，"只要各教区的生活大体上保持不变，拒绝承认教宗的权威，将不会造成他同他的臣民们之间的许多麻烦"①。在之后的国教化过程中，"英国的改革者们，或至少是他们中的大多数人，认为传统有积极的价值，……尽可能多地保留了传统的礼拜仪式"②。

在这一基础上，我们可以理解为何伯克会将一位论者和法国革命者混为一谈。两者的区别只在于前者是潜藏的无神论者而后者是公开的无神论者。正如上一章所指出的那样，在对于理性的狂热信仰下，法国的革命者非但没有带来宽容，反而产生了新的宗教压迫。在对抽象理性的绝对信任下，他们并不觉得自己是在进行某种有违道德的活动，而是认为自己正在这正义一边，对邪恶进行清算。"他们在废除了其他所有的谱牒和家世的区分之后，却发明了一种罪行的谱系。"③

一位论者要引进的就是这种与英国政治制度截然对立的新宗

---

① ［美］胡斯都·L. 冈察雷斯：《基督教思想史》（第 3 卷），陈泽民、孙汉书、司徒桐、莫如喜、陆俊杰译，陈泽民、赵红军、许列民校，译林出版社 2008 年版，第 190 页。

② 同上书，第 198 页。

③ ［英］柏克：《法国革命论》，何兆武、许振洲、彭刚译，商务印书馆 1999 年版，第 183 页。

教，这种宗教将会对英国赖以为生的习俗和道德产生长期破坏性的影响。对这些人进行宽容就如同与革命法国和谈一样荒谬不已。伯克同样在理论上承认，如果这些人不去追求一种超过自身现存地位的权利，"仅仅将原则陷入在自己的团体之中"①，他会同意基于这些潜在的无神论者喘息的空间。毕竟与真实的无神论者相比，他们的威胁性还没有那么严重。

历史的复杂性再次证明的伯克的预言及其失败。一方面，在伯克死后不久，针对一位论者的宽容法案就得以在议会通过。另一方面，今日的一位论者的确也将无神论者纳入自己的同盟之内。不过更值得我们注意的是，洛克与伯克两者在宗教宽容内核上决定性的差异。洛克宽容范式的全部奥秘集中在非常简单的一句话中，即"人有权利去宽容（Man has a right to toleration）"②。伯克则强调宽容必须从国家和民族的角度进行考虑，教会是每个基督教国家自身历史习俗的重要组成部分。他的宗教宽容范式同样被日后的传统保守派所继承。19世纪最重要的保守主义者英国首相迪斯累利同样写道："支持教会是民众的利益所在，因为教会是他们祖传的遗产，是他们唯一的世袭财产；这是他们通向权力的门户，是他们学习、成名和获得荣誉的途径。"③

---

① Edmund Burke，"Unitarian Petition"，in *The Writings and Speeches of Edmund Burke*：*Vol. 4*，General Edited by Paul Langford，Oxford：Clarendon Press，2015，p. 496.

② John Locke，*A Letter Concerning Toleration and Other Writings*，Edited by Mark Goldie，Indianapolis：Liberty Fund，2010，p. 70.

③ Benjamin Disraeli，*Whigs and Whiggism*，New York：The Macmillan Company，1914，p. 26.

第八章　结论

　　当面与伯克接触过的人往往对伯克评价不一。在绝大多数同时代的人眼中，伯克是一个雄辩又有些固执的人物。他会坚持自己的观点，用自己卓越的辩论能力说服对方。喜欢他的人往往看中他对事物敏锐的判断能力和丰富的学识；讨厌他的人则将他的固执视为一种傲慢自大。伯克似乎以一种挑剔的眼光看待自己周围的人。他通过智识上的碰撞为自己赢得友谊和尊重。

　　毫无疑问的是，伯克是一个非常富有责任感的人物。他在自己背负债务的情况下，依旧自掏腰包开设学校，收留因为法国革命而无法学习的贵族后裔。在他看来，个人的道德品行必须与他的政治态度保持一致，否则他的态度充其量只能被称为伪善。沉迷于抽象德行的人往往在具体的日常生活中缺乏行动，他们将自己的目光始终聚焦在人类的宏大命运身上。"就像卢梭自己那样，它会滋生一种慵懒的骄傲，这种骄傲利用其道德野心的高度作为逃避或逃避道德行为的动机。"①

---

　　① Charles Parkin, *The Moral Basis of Burke's Political Thought*, New York: Russell & Russell, 1956, p. 135.

晚年的伯克无疑是不幸的。他在法国革命的立场，为他在全欧洲的范围内赢得声誉。但他也与无数曾经的朋友分道扬镳。他与福克斯的决裂是其中最令他伤心的事件。福克斯恰恰是在伯克的影响下，从托利党转投到辉格党，并且在罗金汉姆死后成为辉格党的新领袖。一个被伯克视为同路人的密友，却在关键的问题上分道扬镳。对伯克更大的打击是 1794 年独子理查德·伯克的去世，"理查德的死给伯克把自己当作一个新人的想法画上了句号"①。

伯克的出身一直是他耿耿于怀的问题。这也是为何当他的敌人攻击他的出身时，他会显示出相当的敏感性。虽然他一再强调自己父亲是都柏林的大律师，但是与他同时代的同僚相比，这种出身依旧不算高贵，相当多数的议员都拥有贵族身份。伯克原本以为继承了优秀品质的儿子可以开创一个新的政治家族，这一梦想却由于历史的偶然性被彻底破坏，以至于伯克直接放弃了国王潜在的授爵邀请。

与伯克晚年的绝望和困顿相比，他的声望却与日俱增。全欧洲的反革命者们都从伯克的思想中汲取养料和灵感。死亡丝毫没有影响他的声望，反而将他的影响传播到更远的地方。正如罗素·柯克（Russell Kirk）所指出的那样，"在公众人物中非常罕见的是，伯克在死后的很长一段时间里，其声誉和影响力都在稳步上升"②。

---

①　Elizabeth Lambert，*Edmund Burke of Beaconsfield*，Newark：University of Delaware Press，London：Associated University Presses，2003，p. 147.

②　Russell Kirk，*Edmund Burke：A Genius Reconsidered*，Peru：Sherwood Sugden & Company，Publishers，1988，p. 207.

他甚至成为一个新的政治流派的开创者。几乎每一个保守主义者都会重新回到伯克,确立自己的出发点。

甚至 19 世纪和 20 世纪早期大部分英国的自由主义者也对伯克抱有相当的敬意,他们将伯克视为时代转折中的关键人物。虽然他的历史局限性限制了他的视野,但伯克远比同时代的大多数人更为自由和进步。"伯克比他自己所意识到的,也比他的后继者所认为的要更加接近大革命最进步,最关键也最意义深远的那一面。"①

与大多数研究者一致,本书认为伯克的思想存在某种内在的一致性。伯克对于具体的问题的思考掺杂有党派动机是高度可信的事实,但党派动机不等于他是一个政治投机分子。恰恰相反,伯克试图将辉格党改造为更具有原则性的政党,这一政党以捍卫光荣革命后英国政治制度的基本理念为目标。当潘恩讥讽伯克维护死人利益时,伯克指出辉格党就是要尽可能维系由历史所塑造的制度平衡。无论是国王、民众还是议会本身,谁违背了平衡,谁就是辉格党的对手。"它的目的是与滥用行为开战;实际上,不是与死人开战,而是与那些活着的、蓬勃发展的和统治的人开战。"②

伯克在具体问题上的不一致反而是他内在一致性的表现。他明确意识到,政治问题不能被抽象理性所主宰。在政治中寻求如同教科书般的标准答案只能是一种政治幼稚病。"亚里士多德,这位伟

---

① [英]约翰·莫雷:《埃德蒙·伯克评传》,刘戎译,上海社科院出版社 2018 年版,第 202 页。

② Edmund Burke, "Appeal from the New to the Old Whigs", in *The Writings and Speeches of Edmund Burke*:*Vol. 4*,General Edited by Paul Langford,Oxford:Clarendon Press,2015,p. 403.

大的推理大师，告诫我们，以极大的重量和适当的标准，反对这种在道德辩论中以一种欺骗的几何精度来衡量，这是所有诡辩中最谬误的一种。"①每一个政治问题必须放到具体的政治环境下进行处理。这也是为何伯克支持在英格兰支持扩大天主教徒权利的同时，强调要在苏格兰更为谨慎执行的原因。

伯克思想的一致性是一个逐渐塑造的过程，在具体事态的变化中得以丰富。但伯克思想的基本模型在他思想的早期就已经奠定，这尤其体现在《英国史散论》之中。这部作品在充分表明伯克对历史偏爱的同时，阐明了伯克对待政治问题的态度。按照伯克的理解，人类的历史可以被分为征服和统治两个相互关联的阶段。他倾向于避开对征服本身的讨论，而将目光集中在统治本身。这尤其体现在他在印度问题上的态度。伯克批评黑斯廷斯在印度地区的扩张，但他却从未要求英国将这些获得的领土交还给原有的主人。

这种态度可能与伯克的双料身份密切相关。作为一个爱尔兰人和一个不列颠帝国的支持者，他担心对征服过程的追究将引发潜在的不稳定。毕竟历史上每一次征服几乎都包括令人反感的道德堕落和罪行。这种追究本身是对共同感情的有意破坏，也是帝国自我瓦解的诱因。"丧失一个国家对征服的记忆是民众政治认同的标志"②，彻底的虚无是历史清算的唯一结果。

---

① Edmund Burke, "Speech on Conciliation with America", in *The Writings and Speeches of Edmund Burke*：*Vol. 3*，General Edited by Paul Langford, Oxford：Clarendon Press，1996，p. 157.

② Richard Bourke, *Empire and Revolution*：*The Political Life of Edmund Burke*，Princeton & Oxford：Princeton University Press，2015，p. 78.

这种虚无严重伤害了伯克政治的基本目标，即现实和道德的共融。现实更多代表对既定秩序的忍受；道德则被视为改善现状的动因。缺乏道德的现实将难以避免地导向冷酷的马基雅维利主义；对于现状的过分承认，也可能退化为维护既定秩序的结构。缺乏现实的道德是无根浮萍，缺乏指导现实世界的能力；对于道德的过分重视，也将吞噬健全的政治常识，引发道德狂热。"智慧的一个重要部分就是要知道应该容忍多少罪恶；追求太大程度的纯洁可能只会产生新的腐败。"①

为了实现伯克的基本目标，统治的改善是必须关注的焦点。伯克甚至认为，统治者有义务去实现这种改善。这是国家德行的要求。国家不是近代社会契约论下冷冰冰的机器。它是生者和死者的契约，它是先祖的遗产，通过一种薪火相传的方式传递给下一个时代。伯克写道，"我对自己的能力完全不信任；我完全放弃了我自己的一切猜测；对我们祖先的智慧有着深厚的崇敬，他们留给我们的是如此幸福的宪法，如此繁荣的一个帝国"②。今日的统治者也只是链条上的一环。统治者需要明白自己的历史责任，将国家平稳延续下去。只有这种国家，才可能激发起一种真正的爱国心。

伯克的政治思想绝非没有缺点。事实上与许多精于理论的哲学家相比，它严重缺乏理论上的自洽性。在几乎所有的重要问题上，

---

① Charles Parkin, *The Moral Basis of Burke's Political Thought*, New York: Russell & Russell, 1956, p. 97.

② Edmund Burke, "Speech on Conciliation with America", in *The Writings and Speeches of Edmund Burke: Vol. 3*, General Edited by Paul Langford, Oxford: Clarendon Press, 1996, p. 139.

它都会出现自相矛盾的结果。以某种严格的学科视角来看，"埃德蒙·伯克根本就不是一个哲学家。他基本上是一个实用的政治家和宣传家，而不是一个有系统的哲学要阐述的思想家"①。甚至与洛克这样深度参与政治的思想家相比，也存在明显的区别。洛克从根本上依旧是一个参与政治的哲学家，他的理论依旧带有强烈抽象的痕迹。

抽象的普遍性是伯克在政治中最讨厌的东西。没有什么比这种东西更脱离政治的本性。一切政治问题只能在具体的事态中做出决定，它可能具有反思性的特征。但政治绝没有简单的操作守则，它依赖于政治家丰富的经验和临场的判断。在这一意义上，伯克彻底否认哲学家对政治思想的评价方式。理论上的自相矛盾不是一个重要的问题，实践的结果才是政治真正需要关心的问题，也是评价政治思想的唯一标准。

无论法国革命者如何吹捧他们在理论上的自洽性，他们必须要为自己灾难般的实践负责。人类社会不能成为抽象理论的游乐场。"这个实验会让伯克觉得是对契约理论的自我嘲弄，足以暴露出理论本身的谬误。"②但数以万计的法国人成了这种抽象理论的牺牲品，他们本可以安稳地度过自己的一生，法国革命者不可遏止的狂热将他们拖入残酷的现实之中。

① Frank O'Gorman, *Edmund Burke：His Political Philosophy*. London & New York：Routledge，2014，p. 9.

② David Bromwich, *The Intellectual Life of Edmund Burke*，London & Cambridge：The Belknap Press of Harvard University Press，2014，p. 271.

　　这也是伯克政治思想赋予我们的第一个意义，即对于抽象理性的反对。抽象理性本身包含一种排他性的要求，对于自身理论的绝对自信很有可能演化为理性的狂热。更为糟糕的是，他们会强制要求其他人接受这种理论。在他们所宣称的自由中，民众只有被改变的自由，而没有拒绝改变的自由。"它在一瞬间给予改变的自由，但是却甚至没有留给你保存的自由。"①革命派没有看到集体智慧的价值，也没有看到习俗和传统的积极意义。人类历史被进化为一种无限趋向完美的线性运动。

　　伯克政治思想的第二个意义则是揭示抽象理性背后的唯意志论特征。抽象理性的深层威胁并非强制启蒙，抽象理性的妄想也可以从坚定的现实进行防御。抽象理性，或者说抽象理性主导的启蒙运动最大的问题是，放出了个人自由意志这一政治上的梦魇。对政治问题的讨论最终让位于纯粹意志的决断，无论提供多么合理的方案，都无法抵御意志的任性。这种意志的任性尤其体现在当代的政治争论之中，"我觉得""我认为"的泛滥本身就是典型的表现。在这种意志的决断之中，理性说理可能毫无分量。抽象理性在试图统治世界的同时，也放出了吞噬它的怪物。这种唯意志论的泛滥不可能建立起真正的共识和长期的共同情感。抽象理性在成功实现原子化个体的同时，也实现了一切人对一切人的战争。所有人都是自己意志的暴君。

---

　　① Edmund Burke，"Tracts Relating to Popery Laws"，in *The Writings and Speeches of Edmund Burke*：*Vol. 9*，General Edited by Paul Langford，Oxford：Clarendon Press，1991，p. 467.

　　伯克政治思想的第三个意义则是给予我们重新认识保守主义的机会。由于过去三十年国际秩序的相对稳定，保守主义，特别是英美保守主义被理解为政治上的小政府、经济上的自由贸易以及宗教和文化观念的保守。"但务实的保守派认为对政府的角色和形式作出任何绝对的论断是不明智的。因为这样的断言是建立在抽象的理论基础上而与经验现实相悖。"①迪斯累利的经济政策就是一个非常简单的例子。作为19世纪英国最伟大的保守党首相，迪斯累利就反对自由贸易政策。他试图将上层社会与工人和农民联合起来，共同对抗新兴的城市亲商业阶层。保守主义的真正优势就在于具体政策的灵活性，"如果社会主义或自由主义能提供帮助维护和平与稳定，维护传统，并为之贡献一般的福利，务实的保守派会毫不犹豫地拥抱它"②。

　　在过去两个多世纪里，保守主义展现出坚韧的生命力。但当代保守主义的前景却不容乐观。由于宗教的衰弱，传统保守主义者已经逐渐从宗教的立场上撤退，转而固守家庭这一核心。罗素·柯克和斯克鲁顿（Roger Scruton）的差异就是典型的表现。正如斯克鲁顿所说："我们是需要帮助的生物，我们最需要的就是家——在那里我们能找到保护和爱。我们通过表达自己的归属感来实现这个家。"③

　　问题是，在日益激烈的解构之中，家庭的地位也日益缺乏稳定。除了家庭的定义不断受到挑战外，越来越多的人将家庭视为无

---

　　①　Robert Lacey, *Pragmatic Conservatism*, New York: Palgrave Macmillan, 2016, p. 6.

　　②　Ibid., p. 8.

　　③　Roger Scruton, *How to be a conservative*, London & Oxford & New Delhi & New York & Sydney: Bloomsbury, 2019, p. 162.

用之物。长期将家庭视为纯粹契约的产物是一个重要的诱因。问题是，今日的保守主义者似乎难以找到能够抵抗家庭瓦解的方式。当代家庭的瓦解是整个社会结构日益崩塌的结果，捍卫家庭等同于对现有秩序的全面修补，保守主义者充其量只能缓和形势的恶化。

一个潜在的方案是扩大家庭的定义，将更多种类的家庭纳入其中。但这种想法依赖于有效的社会共识。在现有的政治气氛下，它缺乏真正的可实现性。更何况，家庭定义的扩大本身可能导致家庭日益的空洞化。家庭完全有可能成为下一个被理性化的上帝。另一个可能的方式是彻底推翻冷战后的全球主义理念，重新回归区域化，强化主权国家的地位。在具体政策上表现为对特大城市的限制、完整产业链的建构和对传统价值观的维护。这同样是一条困难和充满争议的道路。

在可以预期的未来里，传统保守主义者和主流政治派别的斗争将愈发激烈。经过失落的三十年，传统保守主义者将试图努力夺回自己曾经的地位。这将不仅仅表现在传统保守主义者与自由主义者的冲突之中，也将表现在传统保守主义者与新保守主义者的争斗之中，这亦会对欧美的政治生态和决策产生重要的影响。对于保守主义的研究绝不像某些国内学者所认为的那样已经过时和研究透彻，反而，今日的政治形势赋予了研究保守主义新的紧迫性。"腐化与狂热的攻击在我们的时代与伯克的时代一样严重，在抽象理论的狂风怒号之中，伯克声音的共鸣依旧清晰可闻。"①

---

① Russell Kirk，*Edmund Burke：A Genius Reconsidered*，Peru：Sherwood Sugden & Company，Publishers，1988，p. 201.

参考文献

Alfred North Whitehead, *Science and the Modern World*, New York: A Pelican Mentor Book, 1948.

Arthur Aughey, Greta Jones, W. T. M Riches, *The Conservative Political Tradition in Britian and the United States*, London: Pinter Publishers, 1992.

Bruce Frohnen, *Virtue and The Promise of Conservatism: The Legacy of Burke and Tocqueville*, Lawrence: the University Press of Kansas, 1993.

Carl B. Cone, *Burke and the Nature of Politics: The Age of the American Revolution*, Kentucky: University of Kentucky Press, 1957.

Carl B. Cone, *Burke and the Nature of Politics: The Age of the French Revolution*, Kentucky: University of Kentucky Press, 1964.

Carl Schmmit, *The Leviathan in the State Theory of Thomas Hobbes*, Translated by George Schwab and Erna Hilfstein, London:

Greenwood Press, 1996.

Charles Parkin, *The Moral Basis of Burke's Political Thought*, New York: Russell & Russell, 1968.

Christopher Reid, *Edmund Burke and the Practice of Political Writing*, Dublin and New York: Gill and Macmillan Ltd. and St. Martin's Press, 1985.

Conor Cruise O'Brien, *The Great Melody: A Thematic Biography and Commented Anthology of Edmund Burke*, London: Sinclair-Stevenson, 1992.

Corey Robin, *The Reactionary Mind: Conservatism From Burke to Sarah Palin*, Oxford: Oxford University Press, 2010.

Daniel I. O'Neill, *The Burke-Wollstonecraft Debate*, University Park: The Pennsylvania State University Press, 2007.

David Bromwich, *The Intellectual Life of Edmund Burke*, Cambridge & London: The Belknap Press of Harvard University Press, 2014.

David P. Fidler, M. Jennifer Welsh, *Empire and Community: Edmund Burke's Writings and Speeches on International Relations*, Boulder: Westview Press, 1999.

David P. Gauthier, *The Logic of Leviathan*, Oxford: Oxford University Press, 2000.

David William Bates, *States of War: Enlightenment Origins of the Political*, New York: Columbia University Press, 2012.

Dennis O'Keeffe, *Edmund Burke*, New York & London: The Continuum International Publishing Group Inc., 2010.

Drew Maciag, *Edmund Burke in America*, Ithaca & London: Cornell University Press, 2013.

Edmund Burke, *The Correspondence of Edmund Burke* (*10 Vol.*), Edited by Thomas Copeland, Chicago: University of Chicago, 1958.

Edmund Burke, *The Work of The Right Honourable Edmund Burke* (*12 Vol.*), Edited by John C. Nimmo. Strand: 14, King William Street, Strand, W. C., 1887.

Edmund Burke, *The Writings and Speeches of Edmund Burke* (*9 Vol.*), General Edited by Paul Langford, Oxford: Clarendon Press, 1981—2015.

Elizabeth R. Lambert, *Edmund Burke of Beaconsfield*, Newark & London: University of Delaware Press & Associated University Presses, 2003.

Ernstthe Cassirer, *Philosophy of the Enlightenment*, Translated by Fritz C. A. Koelln & James P. Pettergrove. Princeton: Princeton University Press, 1968.

F. P. Lock, *Edmund Burke Volume 1: 1730—1784*, Oxford: Clarendon Press, 2008.

F. P. Lock, *Edmund Burke Volume 2: 1784—1797*, Oxford: Clarendon Press, 2008.

Francis P. Canavan, *Edmund Burke: Prescription and Providence*, Durham: Carolina Academic Press, 1987.

Francis P. Canavan, *The Political Economy of Edmund Burke: The Role of Property in His Thought*, New York: Fordham University Press, 1995.

Francis P. Canavan, *The Political Reason of Edmund Burke*, Durham & London: Duke University Press, 1960.

Frank O'Gorman, *Political Thinkers, Volume 2: Edmund Burke*, London & New York: Rouledge, 1973.

Frederick A. Dreyer, *Burke's Politics: A Study in Whig Orthodoxy*, Waterloo: Wilfrid Laurier University Press, 1979.

Frederick G. Whelan, *Edmund Burke and India: Political Morality and Empire*, Pittsburgh: University of Pittsburgh Press, 1996.

Glenn Burgess, *The Politics of the Ancient Constitution*, London: The Macmillan Press, 1992.

Gregory Claeys, *The French Revolution Debate in Britain: the Origins of Modern Politics*, London & New York: Palgrave Macmillan, 2007.

H. Dickinson, *Britain and the French Revolution*, 1789—1815, New York: St. Martin's Press, 1989.

Ian Crowe, *An Imaginative Whig: Reassessing the Life and Thought of Edmund Burke*, Columbia & London: University of

Missouri Press, 2005.

Ian Crowe, *Edmund Burke and the Role of the Critic in Mid-18th-Century Britain*, Stanford: Stanford University Press, 2012.

Ian Crowe, *Edmund Burke: His Life and Legacy*, Dublin: Four Courts Press, 1997.

Ian Gilmour, *Inside Right: A Study of Conervatism*, London: Hutchinson & Co, 1977.

Ian Harris, *Edmund Burke: Pre-Revolutionary Writings*, Cambridge, Cambridge University Press, 1993.

J. W. Burrow, *Whigs and Liberals: Continuity and Charge in English Political Thought*, Oxford: Clarendon Press, 1988.

James Conniff, *The Useful Cobbler: Edmund Burke and the Politics of Progress*, New York: State University of New York Press, 1994.

Jane Hodson, *Language and Revolution in Burke, Wollstone-craft, Paine and Godwin*, Aldershot: Ashgate Publishing Ltd, 2007.

Jean Bodin, *Six Books of Commonwealth*, Translated by M. J. Tooley. Oxford: Basil Blackwell Oxford, 1955.

Jeremy Waldron, *Nonsense upon Stilts, Bentham, Burke and Marx on the Rights of Man*, London & New York: Methuen & CO. Ltd, 1987.

Jesse Norman, *Edmund Burke: the First Conservative*, New

York: Basic Books, 2013.

Jim McCue, *Edmund Burke and Our Present Discontent*, London: The Claridge Press, 1997.

John Locke, *A Letter Concerning Toleration and Other Writings*, Edited by Mark Goldie. Indianapolis: Liberty Fund, 2010.

John Locke, *Two Treatises of Government*, London: Thomas Tegg; W. Sharpe and Son; G. Offor; G. and J. Robinson; J. Evans and Co., 1823.

John Morely, *Burke*, New York: Harper & Brothers Publishers, 1879.

John Robertson, *A Union for Empire: Political Thought and The Union of 1707*, Cambridge: Cambridge University Press, 1995.

Joseph L. Pappin, *The Metaphysics of Edmund Burke*, New York: Fordham University Press, 1993.

Kenneth Hoover, & Raymond Plant, *Conservative Capitalism in Britain and the United States*, London & New York: Routledge, 2015.

Kevin Gilmartin, *Writing against Revolution: Literary Conservatism in Britain, 1790—1832*, Cambridge: Cambridge University Press, 2007.

Kieron O'Hara, *Conservatism*, London: Reaktion Books, 2011.

Leo Strauss, *Natural Right and History*, Chicago: the University of Chicago Press, 1953.

Leonard W. Cowie, *Edmund Burke 1729—1797*, Westport &. Connecticut &. London: Greenwood Press, 1994.

Lida Maxwell, *Public Trials: Burke, Zola, Arendt, and the Politics of Lost Causes*, Oxford: Oxford University Press, 2014.

Luke Gibbons, *Edmund Burke and Ireland: Aesthetics, Politics, and the Colonial Sublime*, Cambridge: Cambridge University Press, 2003.

Marilyn Butler, *Burke, Paine, Godwin, and the Revolution Controversy*, Cambridge &. London &. New York &. New Rochelle &. Melbourne, Sydney: Cambridge University Press, 1984.

Mark Neocleous, *The Monstrous and the Dead: Burke, Marx, Fascism*, Cardiff: University of Wales Press, 2005.

Paul Hindson, &. Tim Gray, *Burke's Dramatic Theory of Politics*, Aldershot &. Brookfield &. Hong Kong &. Singapore &. Sydney: Gower Publishing Company, 1988.

Peter Berkowitz, *Constitutional Conservatism*, Stanford: Hoover Institution Press, 2013.

Peter Dorey, *British Conservatism: The Politics and Philosophy of Inequality*, London &. New York: I. B. Tauris, 2011.

Peter J. Stanlis, *Edmund Burke &. the Natural Law*, New Brunswick &. London: Transaction Publishers, 2003.

Peter J. Stanlis, *Edmund Burke: The Enlightenment and Revolution*, New Brunswick &. London: Transaction Publishers, 1993.

Quentin Skinner, *Visions of Politics Volume 3: Hobbes and Civil Science*, Cambridge: Cambridge University Press, 2004.

Reba N. Soffer, *History, Historians, and Conservatism in Britain and America*, Oxford: Oxford University Press, 2009.

Richard Bourke, *Empire & Revolution: the Political Life of Edmund Burke*, Princeton & Oxford: Princeton University Press, 2015.

Robert Eccleshall, *English Conservatism Since The Restoration*, Loddon, Boston, Sydney, Wellington: Unwin Hyman Ltd., 1990.

Robert J. Lacey, *Pragmatic Conservatism: Edmund Burke and His American Heirs*, New York: Palgrave Macmillan, 2016.

Russell Kirk, *Edmund Burke: A Genius Reconsidered*, Peru: Sherwood Sugden & Company Publishers, 1988.

Russell Kirk, *The Conservative Mind: From Burke to Eliot*, Washington, D. C.: Regnery Publishing, Inc., 2001.

Ruth A. Bevan, *Marx and Burke: A Revisionist View*, La Salle: Open Court Publishing Company, 1973.

Sean Patrick Donlan, *Edmund Burke's Irish Identities*, Dublin & Portland: Irish Academic Press, 2007.

Stanley Ayling, *Edmund Burke, His Life and Opinions*, London: John Murray Ltd., 1988.

Stephen H. Browne, *Edmund Burke and the Discourse of Virtue Studies in Rhetoric and Communication*, Tuscaloosa & London:

The University of Alabama Press，1993.

Stephen R. Graubard，*Burke*，*Disraeli*，*and Churchill*：*The Politics of Perseverance*，Cambridge：Harvard University Press，1961.

Ted Honderich，*Conservatism*：*Burke*，*Nozick*，*Bush*，*Blair*?，London & Ann Arbor，MI：Pluto Press，2005.

Thomas Hobbes，*The Elements of Law*，Edited by Ferdinand Tonnies，Cambridge：Cambridge University Press，1928.

Thomas Hobbes，*The English Works of Thomas Hobbes*（*11 Vol.*），Edited by Sir William Molesworth，London：John Bohn，Henrietta Street，Covent Garden & Longman，Brown，Green，and Longmans，1839—1845.

Tom Furniss，*Edmund Burke's Aesthetic Ideology*，Cambridge：Cambridge University Press，1993.

William F. Byrne，*Edmund Burke For Our Time*，Dekalb：Northern Illinois University Press，2011.

［德］黑格尔：《哲学史讲演录》（第四卷），贺麟、王太庆译，商务印书馆 1983 年版。

［德］卡尔·施米特：《霍布斯国家学说中的利维坦》，应星、朱雁冰译，华东师范大学出版社 2008 年版。

［德］卡尔·施米特：《政治的概念》，刘宗坤等译，上海人民出版社 2004 年版。

［法］狄德罗：《狄德罗政治著作选》，中国政法大学出版社 2003

年版。

〔法〕笛卡尔：《谈谈方法》，王太庆译，商务印书馆 2001 年版。

〔法〕卢梭：《论人类不平等的起源和基础》，李常山译，商务印书馆 1997 年版。

〔法〕卢梭：《社会契约论》，何兆武译，商务印书馆 2005 年版。

〔古希腊〕亚里士多德：《尼各马可伦理学》，廖申白译，商务印书馆 2003 年版。

〔古希腊〕亚里士多德：《政治学》，颜一、秦典华译，中国人民大学出版社 2003 年版。

〔美〕胡斯都·L. 冈察雷斯：《基督教思想史》（第 3 卷），陈泽民、孙汉书、司徒桐、莫如喜、陆俊杰译，陈泽民、赵红军、许列民校，译林出版社 2008 年版。

〔美〕怀特海：《科学与近代世界》，何钦译，商务印书馆 1989 年版。

〔美〕列奥·施特劳斯：《霍布斯的政治哲学》，申彤译，译林出版社 2001 年版。

〔美〕潘恩：《潘恩选集》，马清槐等译，商务印书馆 1982 年版。

〔美〕约翰·罗尔斯：《万民法》，张晓辉、李仁良、邵红丽译，吉林人民出版社 2001 年版。

〔意〕伽利略：《关于托勒密和哥白尼两大世界体系的对话》，上海外国自然科学哲学著作编译组译，上海人民出版社 1974 年版。

〔英〕埃德蒙·伯克：《埃德蒙·伯克读本》，陈志瑞、石斌编，中央编译出版社 2006 年版。

〔英〕埃德蒙·伯克：《法国革命论》，何兆武、许振洲、彭刚译，商务印书馆1998年版。

〔英〕埃德蒙·伯克：《关于我们崇高和美观念之根源的哲学探讨》，郭飞译，大象出版社2010年版。

〔英〕埃德蒙·伯克：《美洲三书》，缪哲译，商务印书馆2003年版。

〔英〕埃德蒙·伯克：《自由与传统——伯克政治论文选》，蒋庆、王瑞昌、王天成译，商务印书馆2001年版。

〔英〕洛克：《政府论》（下篇），叶启芳、翟菊农译，商务印书馆2014年版。

〔英〕迈克尔·奥克肖特：《政治中的理性主义》，张汝伦译，上海译文出版社2004年版。

〔英〕孟德斯鸠：《论法的精神》，许明龙译，商务印书馆2013年版。

〔英〕培根：《新工具》，许宝骙译，商务印书馆1984年版。

〔英〕休·塞西尔：《保守主义》，杜汝辑译，马清槐校，商务印书馆1986年版。

〔英〕约瑟夫·德·迈斯特：《论法国》，鲁仁译，上海世纪出版集团2005年版。

后　记

　　讨论政治实践和政治理论的关系一直是一个有趣的问题。参与现实的政治家往往认为政治理论难以适应复杂多变的事实；政治理论家则着眼于为政治博弈提供某种规范。这种冲突的背后是霍布斯以来的关键问题，即政治是否能成为一门科学。伯克的特殊性在于他罕见的双重身份。他同时是一名参与现实博弈的政治家，也是一名被后世承认重要性的政治思想家。他的辉格党前辈洛克在政治思想界更为流行，但在政治实践的参与程度上却远不如伯克直接。

　　与霍布斯试图将政治科学化的举动不同，伯克强调实践在政治中的优先性。他尤其强调具体的政治实践经验对政治的必要性。换言之，在政治实践和政治理论何者为先的争论中，伯克旗帜鲜明地站在政治实践一边。理论更多起到一种辅助性或者解释性的作用。这也是为何伯克会表示，理论上错误而实践上正确是一件有益的事情。当理论和实践出现落差时，首先需要修正的是理论。

　　伯克的想法除了与他的个人经历相关之外，也与时代的背景密切相关。他所厌恶的理论家指的就是在巴黎沙龙中的法国启蒙运动支持者。在他看来，这些人不但缺乏政治实践的经验，更恶劣的是他们沉迷于自己抽象推理的正确性。这种以推理为基础的政治理论可能在沙龙中，或者政治真空中无往而不利；一旦进入复杂的政治现实，这些理论就会显示出自己过度简化事件复杂性的问题。这最终为一种极端的唯我论提供借口，任何人都可以凭借自己的个体理性宣称发现世界的真理。在政治实践上，这可能为人人平等提供了动力，但更为纯粹利己的野心家的泛滥提供了温床。

伯克在这里暗示了保守主义的一个基本信念，即人不可能在实质上达到平等。这是由于一系列先天和后天因素共同作用的结果。人人平等的理由看似美好，但很容易沦落为野心家谋取私利的工具，这反而不如被过去和土地所约束的传统贵族。这也是为何在今日大众政治的时代保守主义依旧没有放弃等级制政治秩序的原因。

究竟应该如何评价保守主义反现代性的特征是一个仁者见仁智者见智的问题。不过颇具讽刺意味的是，比起作为下议院议员的伯克，作为思想家的伯克显然更为成功。甚至客观而言，伯克在政治实践上的建树并不多。由他所主导的最著名的政治事件，即对黑斯廷斯的弹劾，也以失败而告终。正如很多研究者所指出的那样，如果没有法国大革命，伯克可能只能以三流的政治家和思想家之名留存于世。

本书写作的灵感来源于笔者的博士论文。但考虑到国内伯克研究的现状，本书更加侧重于从思想史的角度对伯克的思想进行整体梳理，并且将一些国内较少关注的问题呈现在读者面前。尤其是在印度问题上，国内的视角主要集中在历史研究上。但正是在印度问题和法国问题上，伯克政治思想中现实和道德的冲突达到了顶峰。

比起早期议会时代的伯克而言，晚年的伯克反而有重新向前政治时代的伯克靠拢的趋势。他对于道德的强烈渴望重新激起了一个古老的政治问题，即道德与政治何者为先的问题；或者更准确地说，究竟应该如何在现实政治中平衡道德与政治的关系。他现实主义的相对态度和道德主义的绝对态度之间的紧张冲突暗示这一问题的复杂性。

作为笔者的第一本书，本书在具体的写作技巧和内容上不可避免地会存在各种缺陷。本书也更多充当一种抛砖引玉的作用，激发大家对于相关问题的研究和讨论。对于本书的不足之处，也请各位读者多多海涵。在这里需要感谢我的导师孙向晨教授，他对我博士论文的指导为写作本书提供了许多想法。当然，我更想要感谢我的父母，感谢他们在背后无私地支持我。他们的支持、鼓励和督促，是我一直前行的动力。

作　者
2023 年 4 月

图书在版编目(CIP)数据

在道德与现实之间:埃德蒙·伯克思想研究/丁毅
超著.—上海:上海人民出版社,2023
ISBN 978 - 7 - 208 - 18575 - 3

Ⅰ.①在… Ⅱ.①丁… Ⅲ.①埃德蒙·伯克
(Edmund Burke,1729 - 1797)-哲学思想-研究 Ⅳ.
①B562

中国国家版本馆 CIP 数据核字(2023)第 189559 号

责任编辑 郭敬文
封面设计 零创意文化

在道德与现实之间
　——埃德蒙·伯克思想研究
丁毅超 著

出　　版　上海人民出版社
　　　　　(201101　上海市闵行区号景路 159 弄 C 座)
发　　行　上海人民出版社发行中心
印　　刷　上海商务联西印刷有限公司
开　　本　720×1000　1/16
印　　张　16
插　　页　4
字　　数　169,000
版　　次　2023 年 11 月第 1 版
印　　次　2023 年 11 月第 1 次印刷
ISBN 978 - 7 - 208 - 18575 - 3/B · 1713
定　　价　80.00 元